L'ENFANT
DU
CARNAVAL.

L'ENFANT DU CARNAVAL,

HISTOIRE REMARQUABLE,

ET SUR-TOUT VÉRITABLE,

Pour servir de supplément aux Rapsodies du jour.

PREMIÈRE PARTIE.

Valeat res ludicra.

A ROME,

DE L'IMPRIMERIE DU SAINT-PÈRE.

AN V. — 1796.

L'ENFANT DU CARNAVAL,

AUX

CITOYENS DE CALAIS.

Je suis né dans vos murs; et si on se choisissait une patrie, je n'en choisirais pas d'autre. Liés presque tous par le sang, ou l'amitié, étrangers aux vices d'une grande ville, et ne connaissant que l'émulation des vertus, vous avez servi la chose publique sans trahir l'honneur, sans outrager la nature. Calais est du très-petit nombre des villes que n'ont point ensanglanté l'ambition, l'intérêt et les haines personnelles.

Je remplis un devoir bien doux, en vous offrant l'hommage d'un opuscule nouveau, que vous accueillerez, peutêtre, avec votre indulgence ordinaire. Si je me suis un peu égayé sur des ridicules qui sont l'unique patrimoine des auteurs, je n'en respecte pas moins la mémoire de certains hommes que j'ai connus dans mon enfance. On peut avoir été de la confrairie du S. Sacrement et de celle des Frères-Gigot, et conserver les droits les plus vrais à la considération publique. Le ridicule s'oublie; nos bonnes qualités nous survivent.

Riez donc, mes Compatriotes, si j'ai pu être plaisant. Si je ne suis qu'ennuyeux, faites-moi grace en faveur de l'intention. J'ai voulu vous amuser.

TABLE DES CHAPITRES

Contenus dans cette première partie.

Chapitre premier. *Introduction nécessaire.* Page 1

Chap. II. *Colère de monsieur Bridault. — Ma naissance.* 11

Chap. III. *Ma première éducation.* 23

Chap IV. *Mon entrée aux Capucins ; ce que j'y fais, ce qui s'y passe.* 36

Chap. V. *Nouvelle manière de voyager à peu de frais.* 57

Chap. VI. *J'arrive à Paris.* 73

Chap. VII. *Une journée de Paris.* 91

Chap. VIII. *L'influence du Médecin.* 109

Chap. IX. *Je ne suis plus un enfant.* 132

Chap. X. *Je vois le monde.* 165

Chap. XI. *Grand événement.* 170

Chap. XII. *Elle est à moi.* 202

L'ENFANT DU CARNAVAL.

CHAPITRE PREMIER.

INTRODUCTION NÉCESSAIRE.

Je m'avise d'écrire mes aventures, et je ne sais trop pourquoi. Est-ce vraiment besoin d'écrire ? est-ce un mouvement d'orgueil, ou un motif d'intérêt ? peut-être est-ce un peu de tout cela. Au reste, je commence sans trop m'inquiéter de ce que le Livre deviendra, ni de ce que le Lecteur en pensera : c'est l'affaire de mon Libraire.

Il n'est pas de héros de roman qui n'instruise le public des moindres détails de sa naissance, et ce n'est pas ordinairement la partie la plus intéressante de l'ouvrage, car nous naissons tous à-peu-près de la même manière : mais comme il faut commencer par le commencement, je me soumettrai à l'usage reçu, et je dirai le plus brièvement qu'il me sera possible, quand, comment, et pourquoi je vins au monde.

A Calais, ville célèbre à jamais par le fameux Eustache de Saint-Pierre, qui eut la manie de se faire pendre pour des affaires qui ne le regardaient pas, vivait en l'an mil sept cent soixante-quatre un homme d'environ soixante ans, de la taille de cinq pieds cinq pouces, portant habituellement un habit de ratine écarlate, une perruque à trois marteaux, un gros manchon blanc, attaché autour du corps par une bandoulière du même poil, et qui, dans cet équipage majestueux ou grotesque, selon le goût ou les inclinations du lecteur, suivait régulièrement aux processions le saint-sacrement, dont il avait l'honneur d'être confrère; escortait, un cierge à la main, les très-dignes prêtres de la paroisse qui portaient aux malades le Créateur empaqueté dans une sacoche de soie; et par-dessus tout cela, l'homme à l'habit rouge, à la perruque à trois marteaux, et au manchon blanc, avait une dévotion particulière à saint François, qui ne lui avait jamais fait ni bien ni mal, et il était inscrit sur la liste des bienfaiteurs des révérends pères capucins de Calais, qu'il régalait assez fréquemment, et dont la société lui plaisait fort, parce qu'ils étaient à-peu-près aussi sots les uns que les autres. Mangeant beaucoup, parlant peu, pensant moins, mais digérant à merveille, monsieur Bridault (c'est l'homme à l'habit rouge) avait acquis à force de digestions ce que les gens craignant Dieu appelaient en ce temps-là une face de prédestination, c'est-à-dire, une figure pleine, un double menton, une peau lice et brillante ; et il payait ces avantages précieux par le petit inconvénient d'être attaqué deux fois l'an de la goutte, qui ne le dégoûtait pas du vin de Bordeaux, qu'il aimait beaucoup, ni des épices dont mademoiselle Suson, gouvernante sur le retour, mais qui paraissait ne s'être pas toujours bornée aux fonctions de la cuisine, assaisonnait les ragoûts qu'elle servait à monsieur Bridault.

Le lecteur, dont l'imagination va toujours le galop, s'imagine déjà que monsieur Bridault fut mon père : pas du tout. Le saint homme se mettait tous les jours sans scrupule dans la vigne du seigneur ; mais il se fût éternellement reproché d'avoir remué le bout du doigt pour procréer son semblable : aussi vécut-il vierge, à ce qu'assurent les hommes de Calais, qui n'en savent rien : mais quelques douairières, consœurs du saint-sacrement, baissent les yeux quand on parle devant elles de la virginité de monsieur Bridault, ce qui rend la leur un peu équivoque aux yeux de certaines gens, qui ne manquent pas de voir le mal où il est, de le supposer où il n'est pas, et de se mêler de tout, hors de leurs affaires.

Mademoiselle Suson, le dimanche gras de l'an mil sept cent soixante-quatre, dit à monsieur Bridault, qui souffrait comme un damné ou un martyr, la jambe douillettement étendue sur un oreiller d'édredon, et qui, de peur de jurer, chantait en grinçant les dents une complainte du cantique de Marseille, ouvrage excellent pour l'édification des fidèles, où l'esprit n'a point de part, et où l'intention fait tout; mademoiselle Suson dit donc à monsieur Bridault : « Dans deux
» jours, monsieur Bridault, nous entrons dans un
» saint temps d'abstinence qui vous guérira de
» la goutte, si, par excès de mortification, vous
» voulez substituer la tisanne au vin de Bor-
» deaux. Cependant je suis d'avis que le carême
» ne commence chez vous, comme ailleurs, que
» le mercredi des cendres, et je vous conseille
» d'envoyer prier le père Jean-François, qui a
» presque autant d'esprit que vous, à venir faire
» ici les jours gras. Si quelque douleur un peu
» vive vous contraint à chanter, le père Jean-
» François, qui chante à merveille quoiqu'un
» peu du nez, selon l'usage de son ordre, en-
» tonnera avec vous la complainte de Judith,
» celle de Joseph, du mauvais Riche, et de

» sainte Geneviève du Brabant. Je mêlerai ma
» voix aux vôtres, et ce concert mystique sera
» sans doute très-agréable aux voisins et au
» ciel. A la fin de chaque complainte, on prendra
» un doigt de vin, accompagné d'un bégnet,
» que je fais au mieux, dont le père Jean-Fran-
» çois se farcit l'estomac avec délices, et dont
» il s'engraisse séraphiquement la barbe et les
» moustaches ».

Fais, mon enfant, fais, répondit monsieur Bridault, en tournant sur Suson un œil bleu qui avait perdu de sa vivacité, mais qui n'était pas encore dépourvu d'expression.

Aussi-tôt Suson dépêche à la capucinière un polisson de dix ans, qui faisoit chez monsieur Bridault les fonctions de commissionnaire et de marmiton, et qui mettait bas en entrant à la cuisine la casaque rouge et la calotte d'enfant de chœur, dont le curé de Calais l'avait décoré à la prière de son patron, à qui l'église prodiguait ses plus précieuses faveurs.

Le père Jean-François reçut l'invitation avec cordialité et modestie. Il sourit au marmiton, lui donna de ses deux doigts sur la joue, et lui dit qu'il se rendrait chez monsieur Bridault dès qu'il serait débarrassé de deux dévotes qui l'attendaient au confessionnal.

Le père Jean-François était un capucin indigne

dans toute l'étendue du mot. Ignorant, comme son saint fondateur, crasseux comme lui, gourmand comme tous les capucins du monde chrétien réunis, égoïste et insouciant comme eux, du reste assez honnête homme pour un moine.

A midi précis sa révérence sonne à la porte de monsieur Bridault. Mademoiselle Suson l'introduit; les deux hommes de Dieu s'embrassent affectueusement, parlent un moment du relâchement de la foi, des plaisanteries irréligieuses de quelques jeunes gens de Calais, qui prétendent avoir de l'esprit, on ne sait pourquoi; de l'indulgence criminelle des pères et mères qui leur permettent de lire des livres dictés par le démon, et qu'on devrait brûler jusqu'au dernier, comme les ouvrages de Voltaire, de Jean-Jacques et de leurs disciples; et pendant cet entretien, très-utile sans doute au progrès de la raison humaine et à la splendeur de l'état, mademoiselle Suson servait un potage succulent, qui fut relevé par une excellente pièce de bœuf, que monsieur Détailleur, fameux boucher de Calais, et confrère de saint Roch, avait réservée pour la bouche de monsieur Bridault. Ladite pièce de bœuf fut flanquée d'un plat de petits pâtés de la façon de monsieur Darquere, et de deux andouilles grillées, préparées par monsieur Bonvigny, pâtissier et charcutier tels qu'on n'en trouve pas de semblables à vingt lieues à la ronde.

La conversation tomba pendant que ces messieurs fêtoyèrent le premier service, et qu'ils se montèrent l'imagination à l'aide de quelques flacons d'un vin vieux que monsieur Bridault réservait pour les grandes occasions. Mais tandis que Suson enlevait ces plats à demi-dévorés, le père Jean-François, qui se piquait d'être plaisant quand il avait bu, s'égaya sur le compte des dames de Calais, qui vont à la vérité au sermon, mais qui le soir mettent des mouches, et fréquentent le spectacle pour le seul plaisir de pécher, car la salle est vilaine, mal éclairée, les acteurs détestables, et les pièces qu'ils jouent anti-chrétiennes, et assez mauvaises pour la plupart.

Allons, allons, reprit monsieur Bridault, moins de fiel, père Jean-François. Si nos dames vont au spectacle, elles sont sédentaires dans leurs ménages, économes, très-attachées à leurs maris.... Ah! interrompit le père Jean-François, je vois bien que vous ne les confessez point. Le révérend allait sans doute, et le plus innocemment du monde, révéler les secrets de la confession, lorsque Suson parut portant une poularde grasse à lard, élève de madame Guche, fermière très-experte dans l'art d'engraisser la volaille. Une salade de passe-pierre et une pyramide de bégnets fermèrent la bouche au bon père, ou plutôt la lui firent ouvrir de manière qu'il ne fut plus question du prochain, et qu'il ne s'occupa que de lui.

Vers la fin du repas, monsieur Bridault, que très-heureusement pour moi la goutte ne tourmentait pas, s'endormit insensiblement en écoutant les contes bleus de son convive, qui, voyant cela, prit le parti de se taire et de boire tout seul.

L'estomac du père Jean-François, quoique d'une énorme capacité, s'emplit à la fin, et s'emplit de manière, que sa révérence s'apperçut que les voies ordinaires seraient insuffisantes. Un hoquet annonça les suites connues de l'intempérance : il sortit précipitamment de la salle où monsieur Bridault ronflait comme quatre, et au lieu de prendre la porte de la cour, il enfila, très-heureusement pour moi, celle de la cuisine.

Le marmiton-musicien, après avoir dîné légèrement, avait quitté le tablier, avait repris sa jaquette et sa calotte rouges, et était allé aider monsieur le Curé à mâchonner ses vêpres. Mademoiselle Suson finissait de se restaurer, et était passablement enluminée. Elle vit le révérend dans un état qui lui fit compassion : les yeux lui roulaient dans la tête, ses joues étoient pourpre, ses jambes chancelaient ; il allait enfin écraser le pavé de toute la pesanteur de son corps, lorsque mademoiselle Suson lui tendit une main secourable, et lui fit reprendre l'équilibre. Le bon père voulut marmoter deux mots d'excuses et de civilités ; mais à peine eut-il desserré les dents que la nature, contrainte jusqu'alors, se soulagea d'une manière effrayante : l'éruption fut terrible, et très-heureusement pour moi, le superflu du dîner du père Jean-François inonda un double fichu de mousseline, qui enveloppait mademoiselle Suson depuis le menton jusqu'à la ceinture. La partie liquide pénétra bientôt à travers le fichu. Mademoiselle Suson cria, comme un possédé qu'on exorcise, et très-heureusement pour moi, monsieur Bridault ne se réveilla point.

Le père Jean-François, qu'une aussi copieuse évacuation avait remis dans son état naturel, se saisit d'un torchon, et se met à torchonner le fichu de mademoiselle Suson, qui, de son côté, frottait de toutes ses forces. L'épingle se détache, le fichu s'entr'ouvre, et le bon père trouve encore à frotter. Vous me salissez, vous me faites mal, lui criait Suson ; ce torchon est d'un dur.... Le père Jean-François tire de sa manche un mouchoir des Indes, le lui passe sur le cou ; puis plus bas, plus bas encore. Sa main s'arrête involontairement sur des formes qui lui étaient inconnues, et qui étaient encore d'un embonpoint supportable. La grace suffisante ne suffit plus ;

la grace agissante agissait comme tous les diables ; Suson, de son côté, qui n'avait jamais senti la main d'un homme errante sur ses charmes, et qui avait copieusement dîné, se trouva toute en feu ; le révérend la poussa ; Suson qui n'avait pas prévu l'attaque, ne songea pas à la défense ; et le dimanche gras de l'an de grace mil sept cent soixante-quatre, je fus fait sur la table de cuisine de monsieur Bridault, précisément comme les enfans se font par tous les habitans de Calais et de la banlieue, à la gêne de la situation près, à laquelle se résignent aisément des dévôts, qui savent bien que nous ne sommes pas dans ce bas monde pour y avoir toutes nos aises.

Après l'acte de ma fabrication, mon père et ma mère restèrent confus l'un vis-à-vis de l'autre, se regardèrent enfin du coin de l'œil, tombèrent à genoux de concert, dirent ensemble leur *confiteor*, psalmodièrent le *miserere*, se donnèrent le baiser de paix en se relevant, et dirent avec un soupir : il en sera ce qu'il plaira à Dieu ; mais le démon de la chair nous a surpris, et nous sommes innocens du fait.

CHAPITRE II.

Colère de monsieur Bridault.—Ma naissance.

UNE douleur aiguë réveilla monsieur Bridault, qui jetta un cri perçant, et sonna à casser sa sonnette. Le père Jean-François et mademoiselle Suson rentrent subitement, et se mettent en devoir de soulager le malade. Suson, ma fille, que signifie cette indécence, dit monsieur Bridault? où donc est votre fichu? La pauvre fille rougit, balbutie, et sort pour l'aller prendre. En voici bien d'une autre, continua monsieur Bridault; qu'avez-vous au derrière? c'étaient les débris de l'andouille, et un plat d'épinards destiné pour le souper de Monsieur, qui, par malheur, s'étaient trouvés sur la table de la cuisine, et qui, plus malheureusement encore, s'étaient attachés et étendus sur la jupe blanche de la pauvre Suson, qui, n'ayant pas l'habitude de pécher, avait négligé toutes les précautions d'usage. Répondez donc, reprend avec force monsieur Bridault, qu'est-ce que cela veut dire? Suson pâlit, chancèle, et tombe sans connaissance sur une chaise. Le père Jean-François était resté debout devant monsieur Bridault, les yeux baissés, les lèvres décolorées, dans l'attitude d'un criminel qui attend son arrêt. Corbleu, s'écrie monsieur Bridault, qui, bien que dévôt, s'échauffait quelquefois, il s'est passé quelque chose d'extraordinaire. Voyez, père Jean-François, voyez le devant de votre robe. C'étaient encore les traîtres d'épinards, qui avaient coulé par-tout. L'infortuné capucin, qui s'exprimait difficilement quand il avait la tête à lui, ne put trouver un mot dans cette circonstance épineuse; il ne pensa pas même à chercher de ces mensonges si simples et si utiles en pareil cas, et il ne répondit à monsieur Bridault qu'en se jettant à ses pieds, et en les lui serrant de toutes ses forces. Ahie! ahie! ahie! cria monsieur Bridault, d'une voix de Stentor; que le diable emporte tous les capucins du monde. Celui-ci vient de forniquer avec ma servante, et sans pitié pour mon état, il me serre la jambe de manière à faire remonter ma goutte jusques dans mon estomac. Ahie! ahie! ahie!... Suson à ces cris redoublés sort de sa léthargie, voit son malheureux complice aux genoux de monsieur Bridault, s'y précipite avec lui, et se jette sur son autre jambe, qu'elle presse dans ses bras, et qu'elle arrose de ses larmes. Les douleurs de monsieur Bridault se multiplient, et deviennent insupportables; il tempête, il jure, il blasphéme ; les clameurs des deux coupables, serrant toujours plus fort et implorant sa miséricorde, se mêlent à ses cris. La rage s'empare enfin de monsieur Bridault. Il saisit une béquille qui se trouva près de son grand fauteuil, et frappant alternativement et sans relâche sur la moëlle épinière de mademoiselle Suson et du père Jean-François, il les obligea à lâcher prise, et à s'aller réfugier à l'autre bout de la salle.

Ici la scène change. Les douleurs de monsieur Bridault s'appaisent peu à peu, et il réfléchit avec confusion à la colère qui s'est emparé de lui. Le père Jean-François et mademoiselle Suson, humiliés et repentans, lui inspirèrent un sentiment de commisération : il sentit se ranimer la charité chrétienne, et il leur tint ce discours : « Si la loi nouvelle proscrit sévèrement la »fornication, on ne peut se dissimuler qu'elle »n'ait été tolérée, et même permise par la loi »ancienne. Abraham ne forniqua-t-il point avec »Agar, Ruth avec Booz, Judith avec Holo- »pherne, et Salomon avec toutes les catins de »la Judée ? Si notre mère la sainte église a »jugé à propos d'interdire la fornication aux »fidèles, qui n'en forniquent pas moins, elle »a eu sans doute des raisons que nous ne con- »naissons point, et qu'il ne nous convient pas »de vouloir pénétrer. Forniquons le moins pos-

»sible, et soumettons-nous, enfans respec-
»tueux, aux lois de cette bonne mère, qui
»exige beaucoup sans doute de notre faiblesse,
»mais qui nous pardonne tout, moyennant des
»pénitences mentales ou pécuniaires, selon
»l'exigence du cas. Mes enfans, je vois à votre
»air contrit et embarrassé, que vous n'êtes
»pas coutumiers du fait : d'ailleurs vous n'avez
»souillé le lit de personne, et le ciel vous par-
»donnera bien plus facilement qu'aux vieillards
»qui convoitèrent Susanne qui était mariée, et
»qui, au lieu de faire la renchérie, n'avait
»qu'à les mettre aux pieds du mur pour s'en
»débarrasser ; il vous pardonnera bien plus ai-
»sément qu'au roi David, qui, de sa pleine
»puissance, cocufia le bon homme Urie, qui
»ne s'en plaignit point, et qui ne fut pas cause
»que l'Eternel mit son bonnet de travers, et fit
»crever de la peste une foule d'honnêtes gens
»qui n'étaient pas responsables des sottises du
»monarque israélite. Cependant comme le re-
»pentir pur et simple ne suffit pas toujours pour
»désarmer la justice divine, nous y joindrons une
»réparation proportionnée à l'offense. Nous som-
»mes tous trois également coupables, vous,
»d'être tombés dans la luxure, moi, de m'être
»laissé surprendre par la colère, péchés mor-
»tels qui tuent infailliblement l'ame sans rien

» déranger à la santé du corps. Employons donc
» tous trois des moyens expiatoires, et Dieu
» lui-même nous les a indiqués. Il a voulu que
» les épinards passassent de la casserole au der-
» rière de Suson; ainsi on ne les servira point
» sur ma table, et on ne soupera pas aujour-
» d'hui. On se contentera d'un biscuit trempé
» dans un verre de vin de Bordeaux, et le père
» Jean-François se retirera dans son couvent,
» où il priera saint François d'Assise de me par-
» donner les coups de béquille dont je lui ai
» meurtri l'omoplate, et Notre-Dame de bon
» secours, de ne pas permettre que sa faute ait
» des suites déshonorantes pour lui, et embar-
» rassantes pour Suson ».

Par l'intercession de Notre-Dame de bon secours, mademoiselle Suson fut attaquée quelques
jours après de nausées fréquentes, d'un dégoût
continuel, et par-ci par-là de quelques envies de
vomir, pour lesquels monsieur Vital, apothicaire
érudit, se mêlant comme tant d'autres d'exer-
cer la médecine, jugea à propos de lui faire
prendre cinq à six grains d'émétique, qui la se-
couèrent vigoureusement, sans me faire quitter
mon poste, tant la grace agissante avait agi avec
efficacité. Les nausées, le dégoût, et les envies
de vomir allant toujours leur train, monsieur Vital
doubla, tripla la dose, et émétisa tant et tant,

que la pauvre Suson fatiguée, tourmentée, déchirée, fut obligée de se mettre au lit, envoya par-delà les monts l'émétiseur et l'émétique, et se rétablit insensiblement par la seule vertu du cordon de Saint-François, aux nausées, au dégoût, et aux envies de vomir près, qui ne la quittaient plus un instant.

Monsieur Bridault, très-grand casuiste, mais très-neuf dans le cas dont il s'agit, ne concevait rien à cette maladie, qui l'inquiétait, l'affligeait, et le privait des bons offices de Suson; et quoiqu'il se fût bien promis de ne jamais prononcer son nom en présence du père Jean-François, par ménagement pour son extrême délicatesse, il ne put s'empêcher de débonder son cœur dans un de ces momens d'épanchement, où la sensibilité l'emporte sur toute autre considération.

Le père Jean-François, en confessant les fillettes de Calais, qui ne sont pas toutes des vestales, s'était mis au courant de certaines peccadilles, et des petits inconvéniens qui en résultent. Aux premiers mots de nausées, de dégoût et d'envie de vomir, il s'écria: « Je suis perdu, et saint François » avec toute sa puissance ne me sauvera pas. Suson » est grosse! elle est grosse des œuvres d'un ca- » pucin! Suson accouchera, le voisinage clabau- » dera, le père gardien le saura, m'enfermera, » m'étrillera, me stigmatisera, et cœtera, et cœ-

» tera.... Monsieur Bridault, comment me tirer
» de-là ?

» Si Suson est grosse, repliqua monsieur Bri-
» dault, Suson accouchera sans doute ; mais qui
» diantre s'imaginera que Suson se soit laissé faire
» un petit capucin ? Si le bon Dieu, pour m'in-
» nocenter, ne fait naître l'enfant avec la barbe
» au menton et la couronne de cheveux sur le
» chef, tout Calais me désignera, me bernera, me
» vilipendera : et que ferai-je à tout cela ?....
» Buvons un coup, père Jean-François.

» Je pense, reprit monsieur Bridault après un
» moment de silence, qu'il a souvent plu à Dieu
» d'éprouver le juste même par de grandes tri-
» bulations ; témoin le saint homme Job, qui ne
» fit jamais d'enfans qu'à sa femme, et qui n'en
» mourut pas moins sur un fumier, d'une maladie
» qui ressemblait assez à la sœur aînée de la petite-
» vérole. Mais Dieu laisse au pécheur, comme au
» juste, la patience et la résignation, qui font sup-
» porter des adversités passagères, et qui les font
» tourner au profit de l'ame. Vous avez fait un
» enfant, père Jean-François ; ce qui est fait est
» fait ; priez, et résignez-vous. Cet enfant a ré-
» sisté à l'émétique de monsieur Vital ; la Provi-
» dence, dans ses décrets éternels, le destine sans
» doute à des choses étonnantes. Soignons donc
» Suson pendant sa grossesse, et quand son fruit

B

» paraîtra sur cette terre de calamités, prodiguons-
» lui nos secours spirituels et temporels; le ciel
» fera le reste.

» Mais comme il faut, sur-tout, éviter le scan-
» dale, qui fait pécher le faible et qui donne à rire
» au méchant; et qu'il est écrit, *aidez-vous et*
» *Dieu vous aidera*, usons d'une ruse pieuse que
» saint Antoine, mon patron, me suggère en ce
» moment, laquelle mettra à couvert votre répu-
» tation, la mienne, et celle de cette pauvre
» Suson. A quelques lieues d'ici est la chapelle de
» Saint Gandouffle, célèbre par les pélerinages des
» goutteux du Calaisis; je monterai dans mon ca-
» briolet, je placerai Suson à mon côté, et j'irai
» à Saint Gandouffle, de Saint Gandouffle j'irai faire
» une neuvaine à Notre-Dame de Boulogne, ce
» qui me donnera le prétexte d'aller voir mon ami
» le curé de Samer, dont la cure n'est pas éloi-
» gnée de cette ville; et comme mon ami le curé
» de Samer est un homme craignant Dieu, chari-
» table et discret, je lui conterai la piteuse aven-
» ture de ma servante, et moyennant quelques
» aumônes aux pauvres de la paroisse, il lui per-
» mettra de rendre chez lui en gros ce qu'elle a
» pris ici en détail.

» Très-bon, très-pieux, et très-adroit monsieur
» Bridault, s'écria le père Jean-François, béni soit
» à jamais le grand Saint Antoine qui vous a soufflé

» cette pensée salutaire pour nous tous ! Graces
» vous soient rendues pour votre charité vraiment
» chrétienne, et le zèle ardent qui vous porte à
» secourir le pécheur ! Vous êtes vraiment mon
» ami, mon protecteur, mon bon ange.... Buvons
» un coup, monsieur Bridault ».

Dès le lendemain de cet entretien, mademoiselle Suson fut chargée de dire à Branlant de se tenir prêt pour le voyage de Saint Gandouffle. Branlant était un charretier, bedeau de la paroisse de Calais, qui avait le privilège exclusif d'atteler une rosse dont il était propriétaire, à toutes les carioles des béates et des confrères du saint-sacrement de la ville, et qui les traînait au petit pas, où leurs affaires, leurs plaisirs ou leur dévotion les appelaient.

Branlant donc arrive au jour et à l'heure indiqués à la porte de monsieur Bridault, en faisant claquer son fouet, le seul que le charretier-bedeau eut jamais fait claquer de sa vie.

Aussi-tôt mademoiselle Suson ouvre les deux battans de la grande porte, et Branlant met sa bête à une voiture d'osier, doublée de camelot gris, qui était remisée sous un bûcher, et qui servait de retraite à deux dindons qu'on se proposait de manger le lundi et le mardi-gras derniers, et qui devaient le sursis dont ils jouissaient à l'accident du père Jean-François et de mademoiselle Suson.

Pendant que Branlant nettoie l'extérieur de la cariole, qu'il expulse les araignées qui s'étaient emparées de l'intérieur, et qu'il graisse les roues, mademoiselle Suson descend, un petit panier à sa main, garni de flacons de la liqueur de madame Anfoux, d'un cervelat de monsieur Bouvigny, d'un pain-d'épice d'Angleterre, et portant sous un bras les bottes fourrées de Monsieur, et le petit office de la Vierge sous l'autre.

On monte en voiture. Branlant enfourche sa jument, un pied sur chaque brancard, attitude usitée parmi les voituriers du pays, laquelle monte leurs genoux à la hauteur de leur menton, et leur postérieur au niveau du nez des voiturés. Heureusement monsieur Branlant n'était pas d'un naturel venteux.

L'équipage sort de la porte cochère : monsieur Bridault et mademoiselle Suson font leur signe de croix, selon l'usage des gens pieux de Calais, qui, au moyen de cette précaution, ont souvent voyagé sans accident jusqu'à Coulogne ou Saint-Tricat, quoiqu'il y ait au moins une lieue et demie de la ville à ces deux villages.

A peine eut-on perdu de vue le clocher de Calais, que Branlant, qui n'était pas un bedeau honoraire, mais qui possédait son lutrin, se mit à pousser un *Pange lingua* d'une manière tout-à-fait agréable. Et monsieur Bridault et mademoiselle Suson, qui n'avaient rien de mieux à faire, chantèrent à l'unisson. Au *Pange lingua* succéda le *Stabat mater*, au *Stabat mater* le *Salve-regina*, et comme on ne peut pas toujours chanter, monsieur Bridault s'endormit de son côté, mademoiselle Suson du sien, et l'infatigable Branlant commençait les litanies des saints, les mains croisées sur la poitrine, et les yeux fixés vers le ciel, lorsque Branlant, son cheval, la voiture et tout ce qui était dedans, roulèrent au fond d'un fossé que Branlant n'avait pu éviter, par la raison infiniment simple, que celui qui tourne ses regards vers le ciel ne voit plus ce qui se passe à ses pieds.

Mademoiselle Suson, que monsieur Bridault accablait du poids de son corps, criait, et se débattait comme un diable au fond d'un bénitier. A force de se débattre, elle dégage une jambe, puis l'autre, et se sentant la tête prise entre les cuisses de son bon maître, elle veut sortir à reculons; ses jupons s'accrochent à l'ardillon d'une boucle, qui tenait à une courroie qui attachait les rideaux de la cariole; Suson pousse, avance les cuisses et toutes les dépendances des pays-bas, les jupons restent en arrière, et trois dragons, qui passaient par hasard, eurent le loisir et la méchanceté de faire de très-longues et de très-mauvaises plaisanteries sur des fesses qui, pour la première fois, étaient éclairées des rayons du soleil.

Branlant, qui s'était retiré de dessous sa rosse, les tança avec l'aigreur d'un sous-homme d'église, accourut mettre son chapeau sur la nudité de mademoiselle Suson; et, s'aidant de l'autre main, il tira de la cariole la totalité du corps, qui tira après lui l'avant-train de monsieur Bridault, accroché par la tête de Suson, laquelle faisait d'horribles grimaces, occasionnées par certaines exhalaisons que la peur et l'incommodité de la position avaient fait échapper du corps onctueux de monsieur Bridault.

Les dragons, qui sont d'assez bons diables quand on ne leur échauffe pas la bile, remirent sur pied nos voyageurs, aidèrent à Branlant à relever la cariole, et, pour prix de leurs services, ils reçurent de la main de mademoiselle Suson un petit verre de la liqueur de madame Anfoux, et une tranche de pain-d'épice d'Angleterre. Ils furent si sensibles à ce procédé, qu'ils juchèrent dans la voiture monsieur Bridault et sa gouvernante, grimpèrent Branlant sur son cheval, et prirent congé d'eux aussi civilement que le peuvent des dragons.

A la prière de mademoiselle Suson, Branlant ne chanta plus, et on arriva sans autre accident à Saint Gandouffle, d'où on poussa jusqu'à Notre-

Dame de Boulogne et de-là à Samer, où les choses s'arrangeant comme monsieur Bridault l'avait prévu, mademoiselle Suson, malgré les incommodités de sa grossesse, accoucha heureusement d'un garçon bien conditionné, qui s'empresse dès l'instant de sa naissance de présenter ses très-humbles respects au lecteur bénévole, qui veut bien perdre son tems à lire ces aventures.

CHAPITRE III.

Ma première éducation.

Ainsi que les femmes légitimement mariées et qui deviennent mères légitimes, non pas dans l'intention de remplir les devoirs de la maternité, mais seulement pour leurs menus-plaisirs, ne manquent jamais d'envoyer leurs enfans en nourrice, pour peu qu'elles aient d'égards pour leur gorge et de complaisance pour leurs amans; ainsi mademoiselle Suson, qui était devenue mère incognito, et par un de ces hasards dont tant de pauvres filles ont été et seront encore victimes, se décida facilement et par égards, non pour sa gorge, mais pour sa gloire, à éloigner d'elle le petit capucin qu'elle aimait de tout son cœur, mais qu'elle ne pouvoit allaiter sans se perdre dans l'esprit de tous les fidèles du Calaisis.

Le curé de Samer, qui pensait à tout, et qui d'ailleurs était connaisseur, avait distingué au marché une paysanne, dont les tettons volumineux étaient à peine arrêtés par de fortes épingles et par les triples cordons de ses jupons : il l'aborde, l'interroge; et la villageoise, à travers mainte révérence, conte à monsieur le curé qu'elle est venue à Samer acheter de la poterie pour son ménage; qu'elle est mariée à Sangatte, village superbe près de Calais, composé de trente à quarante chaumières, bâties tant bien que mal dans un canton où la nature ne produit pas un arbre, mais où le vent de nord, qui souffle les trois-quarts de l'année, fait continuellement pleuvoir un sable de mer qui, joint aux cailloux dont le sol est couvert, rend la terre à-peu-près stérile : elle ajoute que son mari, le plus honnête homme du monde, s'enivre exactement tous les dimanches, la bat tous les jours, et lui fait un enfant tous les ans, ce qui l'engage à lui passer bien des petites choses; enfin qu'elle est accouchée depuis trois mois, et qu'elle serait bien aise de trouver un nourisson, qu'elle aimerait très-certainement autant que les siens, et dont elle aurait les mêmes soins, pour lesquels elle ne demanderait rien si les temps n'étaient pas aussi durs.

Monsieur le curé répond à ce verbiage, qu'une pauvre veuve vient d'accoucher d'un posthume, que les nécessiteux se multiplient, qu'on ne peut pas payer bien cher; mais que si elle remplit ses obligations, un digne membre de la confrairie du S. Sacrement de Calais se chargera des gratifications, et que l'accessoire vaudra au moins le principal.

La bonne femme proteste, les larmes aux yeux, de sa charité et de son affection pour le petit malheureux à qui le ciel avait ôté son père, et le curé la conduit, elle, son âne et sa poterie au presbytère. On coupa en quatre une vieille couverture d'une jument poulinière qui avait vieilli au service du pasteur, et voilà des langes; on rassemble six torchons passablement blanchis, et voilà des couches; on trouve un vieux sac de toile, on l'emplit de paille d'avoine, et voilà un lit: on met le tout dans un des paniers de l'âne, on m'attache par-dessus ma layette avec une des sangles de la jument; la poterie de terre, placée de l'autre côté, fait le contrepoids; la nourrice monte à califourchon entre les deux paniers, après avoir reçu du curé vingt-quatre sols de denier-à-dieu, douze francs d'avance pour deux mois, et un louis d'or que monsieur Bridault, qui faisait de bonnes œuvres sans ostentation, lui glissa furtivement dans la main, pour éviter les remontrances parcimonieuses du bon curé. Ma mère d'adoption, enchantée de ces manières, part gaîment, traverse le village, s'arrête au cabaret du lieu, s'y corrobore l'estomac d'un doigt de riquiqui, fouette sa monture; et voilà l'Enfant du Carnaval sur la route de Sangatte.

Trois années s'écoulèrent, je ne me rappelle pas comment, parce que mon âme immortelle, émanée directement de la divinité, et qui pensait sans doute avant d'être confinée entre la vessie et le boyau rectum de mademoiselle Suson, se trouva tellement obstruée par mes organes terrestres et informes, qu'elle ne pouvait concevoir aucune des idées nettes et lumineuses qui l'ont depuis si magnifiquement distinguée. Un grand philosophe de mes amis a voulu me faire croire, il y a quelques jours, que la faculté de penser, comme celle de voir, dépend du développement de nos organes; que ces organes, à mesure qu'ils parviennent au degré de perfection qui leur est propre, sont affectés par tout ce qui a quelque analogie avec eux; que ces premières affections des fibres du cerveau produisent nos premières idées; que ces idées premières fortement gravées dans une cervelle neuve encore, et susceptible de toutes sortes d'impression, sont ce qu'on appelle proprement la mémoire; que la mémoire nous aide à comparer les idées qui se classent successivement dans notre tête; que l'habitude de comparer ces idées, d'adopter et de suivre celles qui paraissent convenables à notre conservation et à notre bien-être, et de rejetter celles qui paraissent leur être contraires, est ce qui constitue notre jugement, qui est plus ou moins parfait, selon que nos organes sont plus ou moins vivement frappés des objets extérieurs, et qu'ils en sont frappés avec plus ou moins de justesse. Il s'ensuivrait du raisonnement de ce grand homme, que nous pensons comme nous respirons, comme nous mangeons, comme nous digérons, par des moyens simples, naturels, et matériels, ce qui est évidemment contraire à la raison, à la révélation, et à l'opinion des hommes de tous les siècles et de tous les lieux, qui ne se trompent jamais, lors même qu'ils raisonnent de choses dont ils n'ont nulle espèce de notion. Aussi suis-je fortement persuadé que j'ai une ame immortelle, quoique l'immortalité et la construction de mon individu ne me paraissent pas très-compatibles; quoique je ne conçoive pas comment un être étranger à la matière, qui n'a ni étendue, ni consistance, ni couleur, qui est inaccessible aux sens comme à la raison, peut agir sur la matière, ou être soumis aux impulsions de la matière; quoique je ne devine pas pourquoi j'ai mal à la tête, quand j'ai long-temps et fortement pensé; pourquoi je pense difficilement quand j'ai mal digéré; pourquoi je pense moins encore quand j'ai une indigestion; pourquoi un fou pense tout de travers, quoique son corps soit en parfaite santé; pourquoi enfin l'ame du père Jean-François n'est qu'une bête, lorsque celle de Voltaire est sublime, quoiqu'il soit évident que l'une et l'autre sont une émanation de la divinité. Mais où serait le mérite de croire ce qui serait démontré, comme on démontre que deux et deux font quatre? Il est bien plus beau et plus méritoire de convenir sans discussion que deux et deux font cinq.

Mais laissons-là ce galimathias métaphysique, et revenons à mon corps, qui vaut bien la peine qu'on s'occupe de lui, à ce que m'ont dit certaines dames, qui font autant de cas du physique que du moral.

Me voilà donc à l'âge de trois ans, courant tout nud sur le bord de la mer, ramassant tantôt des cailloux, tantôt des coquillages, que j'apportais au milieu d'une cour fangeuse, dans laquelle je me roulais avec cinq ou six frères et sœurs de lait, sept à huit petits cochons, qui me paraissaient très-jolis, et autant de canards, dont le chant affectait fort agréablement mon oreille, qui fut dans tous les temps très-sensible aux charmes de l'harmonie. A déjeûner, un chiffon de pain de seigle, dont on s'était bien gardé d'extraire le son; à midi, une gamelle de bois remplie d'une soupe à manger à la main, sur laquelle nous nous jettions à l'envi, moi, mes frères de lait, les cochons, les canards, et qui étoit expédiée en un clin-d'œil; à souper, deux ou trois pommes-de-terre, cuites sous la cendre et assaisonnées d'un grain de sel, tel était l'ordinaire de la journée, à la fin de laquelle on s'allait coucher pêle-mêle sur un tas de paille que je ne me souviens pas d'avoir jamais vu renouveller, et où on dormait d'un profond sommeil, pendant que les puces soupaient à leur tour.

Mais le dimanche matin, ma nourrice décorait mon berceau de tous ses ustensiles, me débarbouillait de la tête aux pieds, me passait la chemise du dimanche précédent, me mettait mon beau fourreau, mes bas de coton blanc, et mes souliers neufs, qui étant devenus trop courts et trop étroits, me faisaient faire des grimaces de possédé. On décrassait mon fauteuil avec de la cendre, on m'asséyait à l'endroit le plus propre de la hutte, on me mettait à la main un morceau de pain blanc, légèrement frotté d'un beurre frais et ragoûtant, et on me défendait de remuer et de pleurer, à peine d'avoir le fouet. Comme on me fustigeait assez régulièrement, et que cette cérémonie ne me plaisait pas du tout, je me soumettais aveuglément aux volontés de ma nourrice, qui ne voulait tout cela, que parce que mademoiselle Suson partait exactement de Calais tous les dimanches après la messe de six heures, et arrivait à Sangatte à neuf, le mouchoir blanc sur la tête, noué négligemment sous le menton, et le petit panier au bras, dans lequel était une bouteille de vin et une douzaine de biscuits destinés à mon usage de la semaine.

Mademoiselle Suson était enchantée et de l'appétit avec lequel je dévorais mon morceau de pain blanc, et de mon extrême propreté, et sur-tout de ce que je ne pleurais jamais, ce qui était une preuve incontestable que je me plaisais beaucoup à Sangatte. Elle m'embrassait maternellement, me faisait réciter mes prières, qu'on me fourrait dans la tête à coups d'étrivières, se louait de ma mémoire, de mon esprit, de ma gentillesse, des soins particuliers qu'on avait de moi, promettait d'en rendre compte à monsieur Bridault, qui me faisait élever par charité, mais qui s'intéressait beaucoup à mon sort, commérait une demi-heure avec ma nourrice, trouvait ses enfans très-jolis, leur distribuait quelques gros sous, faisait semblant de les embrasser, et retournait à Calais tremper la soupe de monsieur Bridault.

A peine mademoiselle Suson avoit-elle les talons tournés, qu'on me déshabilloit de la tête aux pieds, et qu'on serrait ma défroque dans un grand coffre de bois jusqu'au dimanche suivant. Mon père nourricier buvait ma bouteille de vin tout d'un trait, mes frères de lait se partageaient mes biscuits, et je retournais gambarder au milieu des cochons et des canards, mes camarades et mes amis.

J'approchais de ma sixième année, et je commençais à avoir quelqu'idée confuse de la propriété. Je trouvais mauvais, à part moi, qu'on bût mon vin, qu'on mangeât mes biscuits, et un beau dimanche j'en escamotai un à l'un de mes frères de lait pour voir enfin quel goût a un biscuit. Je le trouvai excellent, et j'en escamotai un second. Mon frère, qui aimait les biscuits autant que moi, se plaignit à son père qui me donna un violent coup de pied dans le cul; je rendis un coup de poing à celui qui m'avait procuré cette gratification, il me riposta avec un bâton, je le pris par les cheveux, les autres se jetèrent sur moi et me renversèrent; j'en empoignai un par l'oreille, j'en égratignai un autre à la jambe, j'en mordis un troisième à la fesse, et j'allais me débarrasser de tous mes assaillans, lorsque le père nourricier termina le combat à grands coups de fouet, dont les deux tiers tombaient de préférence sur moi. Les faits vérifiés et constatés, je fus déclaré coupable, et attaché avec un trait à une pièce de bois verticalement plantée au milieu de la chaumière, pour empêcher le grenier de descendre au rez-de-chaussée.

Comme le mal ne reste jamais impuni, à ce qu'on dit et à ce que je crois, mademoiselle Suson, qui en entrant avait décrotté ses souliers de maroquin rouge avec son petit couteau à manche de nacre de perles, et qui l'avait oublié sur le bord de ma couchette, retourna bientôt sur ses pas pour chercher son petit couteau, dont elle faisoit le plus grand cas, parce qu'il venait de la main de monsieur Bridault, et qu'il n'avait pas coupé leur amitié, comme le lui avaient pronostiqué quelques esprits forts du pays.

Qu'on se figure sa surprise et son indignation, quand elle me trouva nud, attaché à un poteau, le corps rouge encore des coups de fouet qu'on m'avait administrés! Son cœur se gonfla, des larmes lui roulèrent dans les yeux; mais la colère succédant bientôt à la sensibilité, elle apostropha dans des termes très-durs ma nourrice et son mari. Ceux-ci balbutièrent gauchement d'assez plates excuses, me chargèrent des fautes que je n'avais commises qu'à mon corps défendant, lui montrèrent un de leurs marmots se frottant encore la fesse où j'avais mordu, et essayèrent de lui persuader que la petite correction que j'avais reçue était indispensable pour le moment, et me serait profitable pour l'avenir. Mademoiselle Suson balançait entre mes larmes, qui faisoient leur effet, et la confiance qu'elle avait toujours eue en ma nourrice, lorsqu'à mon tour, suffoquant de colère, je lui racontai, en sanglotant, et au risque de ce qui pourrait m'en arriver, les faits tels qu'ils s'étaient passés depuis que j'avais l'âge de connaissance.

Quand elle sut que j'étais nud toute la semaine, fouaillé tous les jours, que je ne buvais pas mon vin, que je ne mangeais pas mes biscuits, mademoiselle Suson ne mit plus de bornes à sa fureur. Telle une lionne, dont le lionceau a reçu dans le flanc le trait mortel du chasseur inhumain, rugit, et fait retentir les rochers d'alentour; telle Suson, criant à tue-tête, faisait trembler les carreaux de papier huilés, à travers lesquels le jour pénétrait dans la maison.

Le nourricier et sa femme grillaient de me donner un démenti; mais le vin était avalé, les biscuits grignotés, et il n'était pas probable qu'en aussi peu de temps j'eusse fait un aussi copieux déjeûner.

Voilà votre mois, dit enfin mademoiselle Suson,

c

en jetant avec dignité un écu de six livres sur une table boiteuse et vermoulue ; qu'on fasse le paquet de ce pauvre enfant, je l'emmène avec moi. Nouvel embarras pour la femme et le mari. Ma nourrice, très-propre pour une femme de Sangatte, s'était fait des fichus de mes fourreaux, un jupon piqué de mes langes, et des chauffoirs de mes couches. Il fallut avouer que ma garde-robe se bornait à mon accoutrement du dimanche, qu'on me remit sur le corps ; et mademoiselle Suson me prenant par la main, sortit, en menaçant ma nourrice de la vengeance de monsieur Bridault, qui venait d'être nommé marguillier de la paroisse, et à qui cette place éminente donnait une autorité sans bornes dans toute l'étendue du Calaisis.

Me voilà donc sur le chemin de Calais, regardant tout, admirant tout, ne pensant déjà plus ni à ma nourrice, ni à son mari, ni à son fouet, et faisant des châteaux en Espagne, comme en font les enfans de cet âge, et par fois des enfans bien plus vieux.

Nous arrivons à la ville, que je trouvai immense, magnifique, et prodigieusement peuplée, parce qu'elle est un peu plus grande, un peu mieux bâtie, et qu'elle contient un peu plus d'habitans que Sangatte, le seul endroit de l'univers auquel on puisse la comparer sans désavantage.

La maison de monsieur Bridault me parut un palais. Je mis mes souliers dans ma poche en entrant dans sa salle à manger, et je me collai contre la porte, mon petit bonnet à la main, pendant que mademoiselle Suson racontoit avec véhémence les mauvais traitemens que j'avais essuyés, et le parti ferme et vigoureux qu'elle avait pris en conséquence. Monsieur Bridault, qui était toujours de l'avis de mademoiselle Suson, approuva sa conduite, et l'envoya avertir de mon arrivée le révérend père Jean-François, qui parut un moment après, haletant et tout en eau. Il s'assit pour se mettre à ma hauteur et me regarder à son aise; me tourna, me retourna entre ses jambes, me pressa affectueusement contre son gros ventre, me barbouilla le visage des larmes paternelles qui roulaient de ses yeux sur sa barbe huileuse; après quoi, on m'envoya à la cuisine, et monsieur Bridault, le père Jean-François et mademoiselle Suson, assemblés en comité général et secret, délibérèrent sur mon sort.

CHAPITRE IV.

Mon entrée aux Capucins, ce que j'y fais, ce qui s'y passe.

Il fut décidé par le *trium-fœmina-virat*, qu'un enfant de six ans peut se passer de sa nourrice, et qu'ainsi je ne retournerais pas chez la mienne. Il fut reconnu qu'un enfant de six ans, lorsqu'il est bien constitué, est en état de tourner la broche et d'apprendre à servir la messe, et qu'ainsi je serais alternativement de service à la cuisine de monsieur Bridault et à l'église des Capucins. On présuma qu'un enfant de six ans peut commencer à lire à ses momens perdus, et qu'ainsi je serais remis ès mains de monsieur Gondré, maître écrivain-juré, qui avait fait l'éducation de monsieur Bridault, et de bien d'autres savans, et qui écrivait encore assez lisiblement, quoique la main lui tremblât un peu, et que ses doigts rongés d'engelures, fussent enfermés chacun dans un petit sac de peau. Il fut arrêté en outre, que des mains de monsieur Gondré je passerais en celles des pères Minimes, qui tiennent à Calais un collège fameux, dont les écoliers de seconde sont en état d'entrer en quatrième chez les Oratoriens de Boulogne, dont les écoliers de quatrième sont quelquefois reçus en sixième dans les collèges de l'université de Paris ; qu'au reste, j'en saurais toujours assez pour être moine.

Mademoiselle Suson me présenta donc à monsieur Gondré, qui, par considération pour monsieur Bridault, se mit en quatre pour m'apprendre ma croix de par dieu, et qui suait sang et eau pour me faire tenir proprement ma plume, que j'empoignais comme un manche à balai. Mademoiselle Suson de son côté me répétait sans cesse les réponses de la messe, dont je ne retenais pas un mot, parce que je n'y trouvais rien d'amusant ; mais en revanche, je savais à la lettre les histoires de sorciers et de revenans qu'elle me contait pour m'endormir, et je retenais par-ci, par-là, quelques couplets des cantiques qu'on me cornait toute la journée aux oreilles, et dont quelquefois je régalais monsieur Bridault au dessert, lorsqu'il était de bonne humeur et moi aussi.

Cependant j'avais vécu à Sangatte indépendant, libre de toute espèce de contrainte, maître absolu de mon temps, et assez satisfait de mon sort, aux étrivières près : le nouveau genre de vie que je menais me paraissait très-gênant et très-extraordinaire. Je ne concevais pas pourquoi il fallait me taire chez monsieur Gondré, lorsque j'avais envie de parler; pourquoi, lorsque je voulais courir, il fallait rester assis, le nez collé sur un livre, où je ne connaissais rien, et auquel je ne concevais pas qu'il fût utile de connaître quelque chose. Je ne concevais pas davantage pourquoi mademoiselle Suson se tuait pour me fourrer dans la tête des mots barbares qu'elle n'entendait pas, ni moi non plus, et dont l'intelligence ne me semblait pas aussi nécessaire qu'elle voulait me le persuader. Mais je concevais à merveilles l'utilité d'un tourne-broche, et je tournais assez exactement, pour peu qu'on me permît de tremper mon pain dans la léchefrite.

Après deux ou trois ans de peines et de soins, je me trouvai en état de servir assez joliment une messe; mais je ne savais pas lire du tout, et je me promettais bien de n'en jamais savoir davantage. Monsieur Bridault observait quelquefois au père Jean-François que je ne paraissais pas précoce: celui-ci le rassurait, en lui disant qu'il s'était développé très-tard, et mademoiselle Suson ne manquait jamais d'ajouter que monsieur Gondré était très-content de mon assiduité et de mes efforts, quoiqu'il n'eût pas dit le moindre mot de tout cela. Au surplus, on convenait que j'avais une figure heureuse, un air ouvert et décidé, des manières caressantes, et une grande docilité.

Je grandissais à vue d'œil; j'étais vigoureux pour mon âge, et mademoiselle Suson ne me conduisait plus chez monsieur Gondré. J'allais et je revenais seul, ce qui me plaisait infiniment, parce que je prenais le chemin le plus long, que je faisais ma petite partie en allant à l'école, et que quelquefois je n'y allais pas du tout.

O si nous refléchissions combien est étroit l'intervalle qui sépare le vice de la vertu; si l'on pensait combien il est difficile de rétrograder quand on a fait le premier pas dans la voie de la perdition; si l'on était bien persuadé que des premières actions de notre vie dépend souvent le sort de notre vie entière, avec quel soin on veillerait sur soi-même; avec quelle ardeur on réprimerait ses penchans; avec quel discernement on choisirait ses amis! Une liaison dangereuse suffit seule pour corrompre un cœur, dans lequel germe déjà la semence de la sagesse. Ainsi me parlait monsieur Bridault quand il savait que j'avais fait l'école buissonnière.

En effet, je n'avais pas choisi mes amis parmi les enfans les mieux élevés de la ville. Je m'étais lié avec sept à huit polissons, paresseux, joueurs et gourmands comme moi, et en moins de six mois je me fis une réputation étonnante. Je cachais les lunettes de monsieur Gondré, je lui escamotais sa férule, je volais des petits pâtés à monsieur Darquerre; et quand je servais la messe du père Jean-François, je sonnais à l'évangile, je changeais le missel de côté à l'élévation, je buvais le vin de la burette, et je la remplissais d'eau; je mettais les cierges dans ma poche, et j'allais les vendre pour jouer à la fossette. Tous ces crimes demeurèrent quelque temps inconnus à monsieur Bridault, par la sollicitude vraiment paternelle du père Jean-François et de mademoiselle Suson, qui tremblaient de me voir encourir sa disgrace. Mais à la fin j'osai m'attaquer à monsieur Bridault lui-même. Je mangeai ses confitures, je brouillai son café, je déchirai une vie des Saints, je cassai la patte à son chat, je mis le feu à ses draps en bassinant son lit; et pendant qu'il faisait sa méridienne je l'accrochai par sa perruque au dossier de son fauteuil. Tant de forfaits ne pouvaient rester impunis, et monsieur Bridault se détermina à prendre un parti violent. Les prières du père Jean-François et de mademoiselle Suson l'appaisèrent à la fin. On me traîna à ses genoux, on lui fit croire que je lui avais demandé pardon; monsieur Bridault me pardonna avec sa bonté ordinaire, ne pensa plus à rien, et je méditai de nouvelles fredaines.

Le soir, je tendais dans la rue une corde à deux pouces du pavé, et j'avais le plaisir de voir culbuter les passans ; je frappais à toutes les portes, et je fus pris sur le fait par monsieur Joutel, confrère de monsieur Bridault, et du Saint-Sacrement, qui me tira les oreilles jusques sur les épaules ; en réparation de quoi, je jugeai à propos de casser toutes ses vitres avec des cailloux que je portais dans mes poches en cas d'événemens.

Sur la plainte de monsieur Joutel, monsieur Bridault, le père Jean-François, et mademoiselle Suson, s'assemblèrent extraordinairement.

Le patron, qui était excédé de mes sottises, ouvrit la séance par un discours pathétique, qu'il conclut en déclarant qu'il m'allait mettre à l'hôpital. Le cœur maternel de mademoiselle Suson se souleva au seul nom d'hôpital, et le père Jean-François représenta avec douceur à monsieur Bridault que la société que j'y fréquenterais lui paraissait peu propre à m'éclairer l'esprit et à me former le cœur. Qu'à la vérité il ne pouvait pas garder plus long-tems chez lui un diable incarné, qui se moquait de tout ; mais que Dieu voulait la conversion et non la mort du pécheur, et qu'il le priait d'observer que saint Augustin s'était enfoncé bien plus avant que moi dans la sentine du vice, et qu'il n'était pas impossible, qu'ainsi que ce flambeau de l'église, je revinsse un jour à résipiscence ; qu'il ne fallait pas m'en ôter les moyens, en m'enfermant parmi des imbécilles et des frippons ; qu'il étoit plus prudent et plus court de prier le père gardien de me recevoir dans la communauté, où je n'aurais sous les yeux que de bons exemples, où je n'entendrais que des discours pieux, et où je n'aurais plus de commerce avec les camarades qui m'avaient perverti.

Monsieur Bridault, qui n'avait rien à refuser au père Jean-François ni à mademoiselle Suson, adressa un petit mot au père gardien, accompagna sa requête d'un gigot de mouton et d'un panier de vingt-cinq bouteilles de vin vieux, et trois jours après, au moment où on s'allait mettre à table, je vis entrer le frère Joseph, portant une besace assez bien garnie, qu'il déposa sur le parquet. Il en sortit une veste, une culotte et une paire de bas qu'il m'avait taillés dans une vieille robe du père Jean-François. Il me saisit, sans dire un mot, me déshabille en un tour de main, m'affuble de son grotesque et dégoûtant costume ; et tirant enfin du fond de sa besace une calotte de la même étoffe : Qu'on lui coupe les cheveux, cria-t-il d'une voix de tonnerre, qui me fit trembler de la tête aux pieds. Mademoiselle Suson s'avança lentement, l'œil humide, une main sur la chaîne de ses ciseaux, et l'autre étendue vers monsieur Bridault, comme pour implorer sa pitié. A la vue des ciseaux, je jettai un cri perçant. Le frère Joseph tira de dessous son manteau un nerf de bœuf, dont il m'appliqua sur les épaules cinq à six coups, qui me calmèrent à l'instant, et monsieur Bridault fit signe de commencer l'opération. Qu'on se figure les plus beaux cheveux du monde, tombant par boucles sur des épaules blanches comme l'albâtre ; une mère condamnée à dépouiller son fils d'un ornement qui faisait valoir la figure la plus piquante; monsieur Bridault assis dans son grand fauteuil, son bonnet de velours noir enfoncé jusques sur les oreilles, affectant une insensibilité qu'il n'avait pas, et la figure sale, froide et bête du frère Joseph, et on aura une idée du tableau.

A genoux devant mademoiselle Suson, la tête penchée sur son giron, je sentais le fatal ciseau s'approcher de ma chevelure, et s'en éloigner aussi-tôt. Sa main tremblante semblait se refuser au cruel ministère qu'on en exigeait..... Enfin une boucle tombe, et le ciseau tombe avec elle. Les larmes de Suson inondent mon visage, je me sens pressé dans ses bras, et comblé des plus tendres caresses. Hélas! ce sont les dernières que j'ai reçues de cette bonne mère ; et maintenant que le silence des passions me permet de jeter un coup-d'œil sur le passé, je ne puis me rappeller son amour, ses soins, son dévouement absolu, sans donner des larmes à sa mémoire.

Le frère Joseph impatient, et toujours maître de lui, ramasse les ciseaux, et bientôt il ne me reste plus un cheveu sur la tête; il me la couvre de sa maudite calotte, et me prenant par le bras, il me conduit à son couvent, après m'avoir fait traverser les principales rues de Calais, et m'avoir inhumainement exposé aux huées de mes camarades, et de tous ceux qui avaient souffert de mes espiégleries. L'impitoyable frère me fait traverser le cloître, me traîne à une cellule écartée, ouvre une porte épaisse et noire qui roulait avec peine sur des gonds que la rouille avait à demi rongés, et la referme sur moi avec un bruit épouvantable.

A peine me trouvai-je seul, que je comparai la vie douce et commode dont je jouissais chez monsieur Bridault, au sort affreux qui me semblait réservé. Je me reprochai amèrement mes fautes; le repentir, la crainte, l'espérance m'agitaient tour à tour; un accablement profond succéda à ces différens mouvemens; une douleur sourde et concentrée s'empara de tout mon être; je me sentais défaillir, et c'en était fait de l'Enfant du Carnaval, si une source abondante de larmes n'eût enfin soulagé mon cœur, qui était prêt à se briser.

A dix ans on se console de tout, on se fait à tout, et après m'être essuyé les yeux, avoir fait sept à huit fois le tour de la cellule, m'être bien assuré de l'impossibilité de m'évader, je commençai gaîment un inventaire de mon mobilier. Une croisée étroite et bien barrée, à huit pieds de terre, trois planches de sapin fixées à dix-huit pouces du sol, et qui paraissaient destinées à me tenir lieu de lit, d'énormes toiles d'araignées au plafond, quatre murs barbouillés de charbon, représentant et multipliant à mon œil fatigué des têtes et des os de morts en sautoir, des larmes, et autres brimborions du même genre, qui indiquaient assez que l'appartement avait été habité avant moi par quelqu'un d'une imagination aussi riante que celle du docteur Young, que tout le monde veut avoir, que personne ne lit, et dont l'ouvrage n'a d'autre propriété que de tourner tout-à-fait un cerveau faible et déjà frappé; une table de pierre, une escabelle de bois, un prie-dieu, un rosaire, un pot d'eau et un pain bis, tel était l'ensemble de mes propriétés. J'avalai la moitié du pain par désœuvrement, je bus un coup là-dessus, je me couchai sur mes planches, et je m'endormis tranquillement, sans m'occuper du lendemain.

Le sommeil me rafraîchit le sang, et le jour

commençait à éclairer de biais les murailles rembrunies de mon hôtel, lorsque je me réveillai. Je m'assis sur mon cul, mes deux jambes dans mes mains, mon menton appuyé sur mes genoux, et je me mis à penser à ma détention, et aux moyens de l'abréger. Je sentais bien que je ne pouvais rien espérer de l'inflexibilité du frère Joseph, et je résolus de le tromper. Geolier exact et silencieux, il m'apportait le matin mon ordinaire de la journée, c'est-à-dire, un pain frais et de l'eau claire, m'examinait un moment, et sortait sans me dire un mot. Le troisième jour il s'assit sur mon lit, me fixa, se leva, se rassit encore, et enfin me demanda ce que je pensais de la manière dont on traitait les petits libertins, qui n'ont ni foi ni loi, qui manquent de respect à leurs bienfaiteurs, et qui cassent les vitres des confrères du Saint-Sacrement? Je répondis d'un air de componction, que j'avais mérité d'être puni, que je trouvais mon châtiment trop doux, que je m'y soumettais avec résignation, et que j'en attendais la fin de mon repentir, de l'indulgence de monsieur Bridault, et sur-tout de la miséricorde du ciel. Le père Jean-François, qui, probablement écoutait à la porte, entra en ce moment, et m'apprit que le père gardien, touché de ma soumission, lui avait permis d'adoucir mon sort. En conséquence, il me mena dans un réduit un peu moins triste que celui que j'habitais, et qui touchait à la cellule du frère Joseph; il m'y parla avec charité et onction, me consola, me rassura, et me conduisit au réfectoire, où monsieur Bridault était venu jeûner à côté du gardien, et me regardait en dessous, entournant et retournant une portion de lentilles qui rentrèrent intactes dans la chaudière qui servait de casserole à la communauté.

Après le dîner, le frère Joseph, qu'on avoit nommé en chapitre mon cerbère ou mon mentor, me fit descendre au jardin, où il me parla en ces termes: « Petit Jean-Farine, vous avez
» la langue dorée, mais vous ne m'en imposerez
» pas: je ne juge point par des paroles, mais par
» des faits. Vous vous leverez tous les jours à mi-
» nuit, et vous sonnerez les matines; vous y assis-
» terez avec recueillement, et vous irez vous re-
» coucher jusqu'à cinq heures, que vous sonnerez
» l'*Angelus*, et la première messe; vous servirez
» cette messe, et toutes celles qu'il plaira à nos
» bons pères de célébrer jusqu'à huit heures;
» à huit heures, vous déjeûnerez selon vos mé-
» rites; à neuf heures vous sonnerez la grande-
» messe, et vous la chanterez du mieux que vous
» pourrez, jusqu'à ce que je vous aie appris à la
» chanter proprement. A onze heures, vous dî-

»nerez en communauté; à midi vous sonnerez
»une seconde fois l'*Angelus*, qu'on ne peut
»trop sonner et qu'on ne saurait trop dire, après
»quoi vous balaierez le chœur, le sanctuaire, la
»nef, les chapelles latérales et le parvis. A une
»heure, vous prendrez l'imitation de Jesus-
»Christ, ou le Guide du pécheur, et vous tâ-
»cherez d'apprendre à lire, ce que je ne me
»charge pas de vous enseigner, et pour cause;
»à trois heures, vous sonnerez les vêpres, et
»vous les psalmodierez avec nous; à quatre
»heures, vous ferez un tour de jardin, en réci-
»tant dévotement votre chapelet; à cinq heu-
»res, vous souperez; à six heures, vous sonnerez
»l'*Angelus* pour la troisième et dernière fois; à
»six heures et demie, vous descendrez à la
»cuisine, où vous m'aiderez à laver la vaisselle
»et à mettre en ordre dans le garde-manger les
»provisions que la Providence nous aura en-
»voyées par le canal des bienfaiteurs de la
»maison; puis vous irez vous mettre au lit, où
»il vous sera permis de vous reposer, après
»vous être livré à ces pieux exercices. S'il vous
»arrive d'en négliger aucun, ou si vous appro-
»chez de cinquante pas de la porte du cloître,
»je me propose de vous distribuer sur les épaules
»nues cinquante coups du nerf de bœuf, dont
»je vous ai montré un échantillon dans la salle

»à manger de monsieur Bridault, et en cas de
»récidive on doublera la dose, et on vous re-
»mettra pour six semaines dans la sainte retraite,
»dont le père Jean-François vous a tiré ce matin».
A ces mots il me laissa, et fut vaquer à ses
affaires.

Je ne crois pas que Satan en personne ait
jamais imaginé des moyens plus sûrs pour damner
un Chrétien. Le genre de vie auquel on me soumettait était un supplice intolérable, dont je
ne prévoyais pas la fin, et mille fois le jour
je me donnais à tous les diables. Au bout d'un
mois de ce régime infernal, ma patience s'aigrit
considérablement; je négligeai la pratique des
exercices pieux qui m'étaient prescrits, et le
frère Joseph, esclave de sa parole, me remettait dans la voie du salut à grands coups de
nerfs de bœuf. Je jurai de me venger d'une
manière éclatante; et un soir qu'il me régalait
à son ordinaire dans un coin de la cuisine, et
qu'il me faisait sauter tantôt sur les fourneaux
et tantôt sous la table, je me jetai sur une
terrine pleine d'un potage brûlant, j'en coëffai
sa révérence, et pendant qu'elle se dépétrait de
la terrine, et qu'elle s'essuyait la figure et la
barbe, en beuglant comme un veau, je grimpai jusqu'au grenier, et je me réfugiai sur le toît.
J'y étais à peine, que le redoutable frère Joseph

parut à la lucarne, une broche à la main, et se mit en devoir de me poursuivre. Je tins ferme, et je me défendis courageusement avec des tuiles que j'arrachais de la couverture. Ma contenance décidée en imposa un moment au frère; mais honteux d'être tenu en échec par un enfant de mon âge, il s'avança d'un air déterminé, en parant avec sa broche les tuiles que j'envoyais siffler autour de ses oreilles. La peur me saisit à mon tour. Je me sauve de toît en toît, ayant toujours sur mes talons l'opiniâtre frère et sa broche. Il était prêt à me saisir, et j'étais sans ressource, lorsque je m'avisai de me laisser couler de la couverture par terre, au hasard de me rompre le coup. Je tombai à califourchon sur un avant-toît qui couvrait la cloche du réfectoire; je la sonnai à volée; en un instant toute la capucinière fut rassemblée au jardin, et je déclarai au père Jean-François à haute et intelligible voix, que s'il ne s'engageait par l'ame de son patron à m'ôter des griffes de son enragé frère Joseph, qui était resté au haut du toît, la bouche béante et la broche à la main, j'allais me casser la tête sur le pavé. On me promit ce que je voulus, on m'aida à descendre, et le père Jean-François voyant que la rigueur n'était bonne qu'à me mettre le diable au corps, essaya les voies de la douceur, qui lui auraient peut-être réussi, si la soif de la vengeance qui ne me quittait plus, n'avait occasionné un petit événement qui me fit sortir de la maison pour n'y rentrer de ma vie.

Le frère Joseph était un vigoureux compère, qui gueusait avec grace, qui était connu de la ville et des fauxbourgs, qui était bien reçu des maris, mieux traité de leurs femmes, et qui apportait au couvent jusqu'au bois d'une maison, quand il ne pouvait plus y trouver autre chose. J'avais quelquefois remarqué dans le bas de son prie-dieu des bouteilles de liqueur et quelques petits écus, qu'on ne lui avait pas donnés pour lui, et dont il s'était adjugé la propriété. J'avais remarqué, en outre, une certaine Marie-Jacques, revendeuse de poisson, âgée d'environ quarante ans, la peau tannée, le sourcil épais, l'œil bordé d'écarlate, le nez épatté et barbouillé de tabac, des tettons à mettre dans ses poches, des fesses comme des timbales, et des jambes comme des poteaux ; Marie-Jacques enfin qui était construite de manière à faire reculer le grenadier le plus intrépide de la garnison, pouvait être un morceau très-sortable pour un frère capucin. Comme je ne sortais pas de la maison, je ne perdais rien de ce qui s'y passait : j'avais plusieurs fois apperçu Marie-Jacques rodant autour des cloîtres à la nuit tombante, le frère Joseph allant à sa rencontre, lui parlant avec action, ne se dérangeant ni pour moi, ni pour personne; et personne, hors moi, ne soupçonnant Marie-Jacques, qui, n'ayant pas figure humaine, ne devait pas inspirer de soupçons. Un certain soir que je rêvais aux moyens de pouvoir faire au père Gardien une dénonciation établie sur des preuves palpables, il me sembla entendre quelque bruit dans le corridor. J'entr'ouvris doucement ma porte, et je crus entrevoir dans l'obscurité, quelque chose qui se glissait dans la cellule du frère Joseph, qui se referma aussi-tôt. Je m'approchai sur la pointe du pied, j'écoutai attentivement, et je demeurai convaincu. Je descends, je ferme la porte du cloître, celle du jardin, je prends la crecelle du jeudi-saint, je galoppe de dortoir en dortoir en jouant de ma crecelle, et en criant de toutes mes forces: Marie-Jacques est couchée avec le frère Joseph. Celui-ci ne perd pas la tête; il passe Marie-Jacques dans sa robe, lui enfonce son capuchon sur les yeux, lui tourne le nez à la muraille, fait un paquet de sa chemise et de ses jupons, le prend sous son bras, enfile le corridor, me trouve en son chemin, me jette à dix pas d'un coup de poing sur l'oreille, descend l'escalier, trouve les portes fermées, se jette dans la cave, et se cache derrière un cuvier qui servait à laver le linge d'église, et qu'on avait dressé contre le mur : le père Gardien, le père Vicaire, et tous les pères possibles, sortent à la fois de leurs cellules, croient le feu à la maison, et ce n'est qu'avec des peines infinies que je parviens à me faire écouter, et à raconter ce que j'ai vu et entendu. Le père Gardien allume sa lanterne sourde, entre chez le frère Joseph et le voit couché sur son grabat. Elle s'est enfuie toute nue, répétais-je au père Gardien ; elle a passé près de moi, à telles enseignes qu'elle ma renversé d'un soufflet ; j'ai fermé toutes les portes, et elle ne peut être que dans la cave. Le père Gardien et le père Vicaire y descendent, regardent, furetent par-tout, et au moment où il s'approchent du cuvier, le frère Joseph le renverse sur eux, les charge d'un demi-cent de fagots, remonte armé d'un gourdin, frappe à droite et à gauche, nous disperse tous, rentre dans son taudis, fait lever Marie-Jacques, lui ôte sa souquenille, l'attache sous les aisselles avec son cordon, la descend dans le jardin, jette son paquet après elle, lui souhaite le bon soir, et lui dit de se sauver par-dessus les murs en s'accrochant aux espaliers. Un vieux chien-courant, commensal de la maison, flaire Marie-Jacques de cent pas, et fait entendre sa voix rauque, en la chassant sur trois pattes. Elle s'échappe à travers un carré de choux, trébuche, culbute, se relève, et recommence à courir. Le chien la poursuit sans relâche en aboyant plus fort, et il allait la haper par la fesse, lorsqu'elle fait un dernier effort, saute à un abricotier, et parvient à enfourcher la muraille. Le factionnaire de l'hôpital, qui se trouve en face, écoute, regarde, ne sait que penser de la masse informe qu'il apperçoit, crie qui-vive d'une voix mal assurée; et Marie-Jacques, pour toute réponse, lui saute sur les épaules, le renverse, et se tapit dans sa guérite; le soldat croit que le diable lui est tombé sur le dos, se relève et s'enfuit au corps-de-garde. Une patrouille arrivait par l'autre bout de la rue; elle entend ce tintamare; elle avance au pas de charge et la baïonnette en avant; Marie-Jacques se remet à courir, rencontre une seconde patrouille, enfile une autre rue, et va se jeter au milieu d'une troupe de bourgeois, qui sortaient d'une noce, qui avaient la tête échauffée, la vue trouble, et qui à l'aspect de ce monstre femelle, que sa nudité rendait plus affreux, s'imaginent avoir un revenant à leurs trousses, et se dispersent dans les rues de Calais en criant à la garde. Marie-Jacques court toujours, effraie tout ce qui se rencontre sur son passage; et à force de courir, elle se trouve vis-à-vis de l'égout, dont la grille étoit ouverte, et dans lequel elle s'enfonce jusqu'à la ceinture, tenant son paquet sur sa tête; en un moment tous les postes sont sur pied, les patrouilles se multiplient, les habitans qui étaient couchés se mettent à leurs croisées, ceux qui étaient dans les rues cherchent à se réfugier chez eux, tout le monde crie à la fois, et personne ne s'entend. Le porte-clef de la ville s'éveille en sursaut, et croit que les Anglais sont maîtres de la place. Il court en chemise au premier corps-de-garde, fait battre la générale, et va éveiller monsieur le Commandant. La garnison sort de ses casernes le sac au dos, et vient se ranger en bataille sur la place. Monsieur le Commandant arrive l'épée à la main, se met à la tête d'un régiment suisse, parcourt toute la ville, ne rencontre pas d'ennemi, et envoie le porte-clef au cachot : le calme renaît, et on parvient enfin à s'entendre. Monsieur le Commandant apprend que la ville a été mise en combustion par un diable qui sortait de chez les Capucins; il marche droit au couvent, et se fait ouvrir les portes. Il trouve cinq à six pères retranchés dans leurs cellules, bassinant avec de l'eau vulnéraire les contusions que le gourdin du frère Joseph leur avait faites, et transis de peur des hurlemens qu'ils entendaient, et qui partaient ils ne savaient d'où. Le

Commandant fait allumer des flambeaux, visite toute la maison; et à peine a-t-il le pied dans la cave, que ces hurlemens extraordinaires redoublent avec fureur, et semblent sortir de dessous un tas de fagots; on dérange les fagots et on découvre un cuvier; on lève le cuvier et on apperçoit le père Gardien et le père Vicaire à demi suffoqués, et ne concevant rien à tout ce qui s'était passé. Comme j'étais l'unique cause de tout ce tintamare, et que je n'avais pu convaincre le frère Joseph, j'étais sans espoir dans la miséricorde des hommes, et je pris sur-le-champ mon parti. Je me coulai à travers les soldats qui emplissaient la maison, je gagnai la rue, et je me glissai dans la cour de monsieur Dessein, qui est ouverte jour et nuit depuis le premier janvier jusqu'au trente-un décembre.

CHAPITRE V.

Nouvelle manière de voyager à peu de frais.

Mon premier soin, en entrant chez monsieur Dessein, fut de me soustraire aux recherches et à la vengeance des révérends pères Capucins, que je croyais très-occupés de mon individu, et qui ne s'occupaient que du tort irréparable qu'une scène aussi extraordinaire pouvait faire à la maison. Je ne connaissais pas celle où je m'étais réfugié ; je voyais des lumières à toutes les croisées, et je jugeai qu'il n'était pas prudent de m'avancer davantage. Je regardai autour de moi, j'apperçus une grande, belle et bonne berline ; j'y entrai provisoirement, et je tins conseil avec moi-même, non sur le passé dont je ne m'inquiétais guère, mais sur l'avenir, qui ne se présentait pas à mes yeux sous un aspect bien riant. Ma méditation était souvent interrompue par les gens de monsieur Dessein qui entraient, sortaient, chantaient, juraient, s'appelaient, se répondaient ; et mon imagination frappée croyait à chaque instant distinguer la voix effrayante de l'inexorable frère Joseph. La girouette, que le vent agitait ; une feuille, qui voltigeait en rasant le sol; le mouvement que je communiquais moi-même à la voiture, tout me faisais tressaillir, et je me roulais comme une pelote dans le fond de la berline. Je me relevais avec précaution, je me rassurais un peu, j'essayais de penser à l'état de mes affaires; ce mandit frère Joseph brouillait toutes mes idées, et son nom terminait toutes mes phrases.

Cependant ces sensations pénibles se dissipaient insensiblement, lorsque le jour qui commençait à poindre m'inspira des craintes nouvelles, plus pressantes et mieux fondées. J'allais être infailliblement découvert, reconnu et livré au frère Joseph. Si je me hasardais à sortir, le premier bourgeois de Calais dont je serais rencontré, ne manquerait pas de m'arrêter, et de se faire un malin plaisir de me réintégrer ès mains du frère Joseph. Ce damné frère Joseph me poursuivait, me tourmentait, m'obsédait sans relâche : je ne pensais, je n'entendais, je ne voyais que lui. Pendant que j'étais dans ces angoisses, j'entends distinctement ouvrir une porte; on s'avance dans la cour, et on marche droit à ma voiture. Je rassemble toutes mes forces, et par un mouvement aussi prompt que la pensée, je dérange le coussin du fond, je lève le dessus du coffre, et je me blotis dedans. On ouvre la portière, on monte dans la berline, on tourne, on retourne, on arrange, on descend, on remonte, on redescend encore ; un tremblement universel m'avait saisi, mon cœur battait avec violence, une sueur froide coulait de toutes les parties de mon corps ; je retiens mon haleine, je prête une oreille attentive, et je crois reconnaître les pas des chevaux, et le bruit sourd des bottes-fortes qui font résonner le pavé. Deux êtres quelconques se placent directement sur moi, la portière se referme, la voiture part avec la rapidité de l'éclair, et voilà l'Enfant du Carnaval qui court la poste sans savoir comment ; qui est défrayé sans savoir par qui, et qui va sans savoir où.

J'étais ployé en quatre, il m'était impossible de changer de position, des crampes horribles m'arrachaient quelquefois des cris que le bruit des roues étouffait ; mais je m'éloignais du couvent des capucins, et c'en était assez pour moi. Ma tête portait sur une de ces clefs de fer qui servent à démonter les roues, et à chaque cahot elle faisait un soubresaut, qui était suivi d'un coup violent. Comme les chemins des environs de Calais sont parfaitement entretenus, les cahots se succédèrent bientôt sans interruption, et ma tête n'avait plus qu'un mouvement périodique, qui ressemblait assez à celui du marteau d'une horloge. L'air s'épaississait insensiblement dans mon trou ; au bout d'un quart-d'heure il en restait si peu, que je ne respirais plus qu'avec des peines incroyables ; je pouvais calculer combien il s'écoulerait encore de minutes jusqu'à mon entière suffocation : mais je m'éloignais du couvent des capucins, je me serais laissé écorcher vif plutôt que d'y retourner, et je résignai.

Une secousse terrible qui manqua de renverser la voiture, dérangea un peu l'ensemble de mon corps, et ma main gauche qui était passée sous ma cuisse droite, rencontra une extrémité de la très-dure et très-malfaisante clef, dont je voulus au moins me dépêtrer la tête. Je reconnus que l'autre extrémité était arrêtée dans une fente qui se prolongeait entre deux planches sur toute la largeur de la voiture. Je tirai ; la clef résista. Je tirai plus fort ; elle s'engagea davantage. Je me désolai, je me dépitai, j'allais abandonner la clef, et livrer ma tête et tout mon corps aux caprices de la fortune, lorsque je m'apperçus que cette clef, dirigée d'un certain côté, faisait l'effet d'un levier, et qu'elle soulevait une des planches. Cette découverte ranima l'espoir qui s'éteignait au fond de mon cœur, et multiplia mes forces, je redoublai d'efforts ; j'en fis d'étonnans pour mon âge ; je sentais avec un plaisir indicible la planche qui se détachait à chaque secousse ; je parvins à la saisir avec ma main droite, et je la retournai entièrement, mon estomac collé au couvercle du coffre, et mon corps soutenu par ma tête et mes genoux, fortement appuyés contre les panneaux de droite et de gauche. Je commençai à avoir de l'air : c'était beaucoup sans doute, mais cela ne suffisait point ; ma position était intolérable. Je me reposai un moment, je repris un peu mes sens, et je me remis au travail avec une nouvelle ardeur. Je poussais, je retirais la planche, je l'agitais en tous les sens ; un des bouts sortit enfin du coffre ; je la jetai sur la grande route, j'envoyai la clef après elle, je passai mes jambes dans l'ouverture, et je me trouvai commodément assis, respirant à discrétion, dispensé de la crampe, et décidé à rouler tant que cela conviendrait au propriétaire de la voiture.

Celui-là est malheureusement né, qui dès le berceau est environné d'êtres qui s'intéressent à lui, qui ne s'occupent que de lui, qui se ploient à ses goûts, qui préviennent ses desirs, et qui s'estiment heureux de pouvoir les satisfaire : il devient nécessairement dur, arrogant et ingrat. L'homme isolé, sans asyle, sans ressources, se pénètre du sentiment de sa faiblesse et de sa dépendance, du besoin qu'il a de ses semblables, et de la nécessité de leur être utile pour en obtenir des secours. Les vérités les plus simples sont ordinairement le fruit d'une longue expérience ; mon état présent m'éclaira en un instant sur mes torts passés et sur ma conduite à venir. J'avais été impertinent et froid avec mes premiers bienfaiteurs ; je m'étais accoutumé à considérer leur affection et leurs soins comme une dette qu'ils avaient contractée envers moi, et je ne pensais pas à m'acquitter envers eux. Je ne tenais plus à personne, personne ne s'intéressait à moi : qu'allais-je faire ? qu'allais-je devenir ? que ne devrais-je pas à l'ame bienfaisante qui serait touchée de ma misère, et qui daignerait l'adoucir ? Par quelle reconnaissance, quel attachement, quel zèle ne paierais-je pas des bontés auxquelles je n'avais pas le droit de prétendre, et qui ne m'en seraient que plus cheres ? Je ne me disais pas tout cela si clairement ni si correctement ; mais tel était le fonds de mes idées.

Je n'étais séparé de mes compagnons de voyage que par un coussin de velours d'Utrecht, et une planche d'un demi-pouce ; mais la fortune, la naissance, et peut-être la considération publique, avaient mis entre nous un intervalle qu'il me serait impossible de franchir. Cette pensée n'était pas consolante : cependant je grillais de voir ceux qui étaient au-dessus de ma tête. Je me proposai de lire dans leurs yeux les qualités de leur cœur, et d'implorer leur assistance, pour peu qu'ils fussent porteurs d'une de ces figures franches et ouvertes, qui plaisent au premier coup-d'œil, et qui inspirent la confiance. Je leur conterai mes aventures, disais-je en moi-même; elles les amuseront. Mes regrets sincères les toucheront; ma jeunesse, ma jolie petite mine leur plairont, et ils me secourront. Mais non, reprenais-je l'instant d'après; la misère d'un inconnu n'inspire qu'une compassion froide et passagère; ceux qui logent au-dessus de moi, croiront faire assez en me donnant quelque monnaie d'un air dédaigneux qui m'humiliera, puis ils me tourneront le dos, en me priant de vouloir bien continuer mon voyage à pied.

Pendant ce soliloque, la voiture s'arrêta pour la sixième ou septième fois, et je rentrai mes jambes, comme je n'avais pas manqué de le faire aux postes précédentes. La portière s'ouvre, on descend de voiture; on demande en assez mauvais français si on trouvera de quoi dîner. Oui, mylord, et comme un prince, répond je ne sais qui, d'un ton mielleux et obligeant. Diable, fis-je à part moi, je suis avec un mylord, et un mylord qui va dîner comme un prince! j'ai assez mal soupé hier, je n'ai pas déjeûné aujourd'hui, et je ne dînerais pas! cela serait dur. Mais pour dîner il faut de l'argent; pour se procurer de l'argent il faut travailler, ou avoir travaillé, ou tenir des économies de ses parens le privilége de tout exiger des autres, et de ne rien faire pour eux. Mais je ne connais ni mon père, ni ma mère; je ne sais s'ils sont morts ou vivans, riches ou gueux; je n'ai jamais travaillé, et je ne sais rien faire, et cependant il faut que je dîne, si je m'en rapporte à mon estomac. Voyons donc s'il me sera impossible de profiter du superflu de la table du mylord, comme j'ai profité du superflu de sa voiture.

Je lève avec ma tête le couvercle et le coussin; je regarde, et je vois tous les gens de l'auberge très-sérieusement occupés autour de cinq à six fourneaux, et remuant des casseroles, dont s'exhalait une odeur qui doublait mon appétit. Je descends, j'entre effrontément, et je demande d'un ton de laquais, c'est-à-dire, d'un ton très-impudent et très-haut, à quel numéro on a logé mylord. Au numéro trois, me répond monsieur le chef sans tourner seulement la tête, de peur que sa sauce ne tournât. Je prends une serviette qui se trouve sous ma main; je la place sur mon bras, à-peu-près comme mademoiselle Suson la portait derrière monsieur Bridault aux jours de gala; je monte l'escalier en deux sauts, j'ouvre la porte du numéro trois, et je me plante derrière mylord, droit comme un pieux, et ferme comme un roc. Une petite fille à-peu-près de mon âge, était assise vis-à-vis de lui; elle m'apperçoit, et part d'un éclat de rire. Mylord se retourne, me regarde gravement, achève une tranche de *roast-beef*, et me dit : Paitit gâçon, mounte-moi le plum-pudding, et dis à madame le Taverne, d'apprêter à bowl of punch. Je pars, je vole, et j'exécute les ordres de mylord. L'hôtesse me rit au nez à son tour, me charge d'un ragoût qui m'était inconnu, mais que je jugeai excellent; et pendant que je remontais, elle disait à ses gens : il faut avouer que ces Anglais ont des fantaisies bien bizarres. A-t-on jamais accoutré un jockei de cette manière? Mylord goûte le *plum-pudding*, y revient, y retourne encore, et la petite Miss, qui ne mangeait plus, ne cessait de me regarder, et riait de tout son cœur. « Finissez, Miss, lui disait » Mylord, sans perdre un coup de dent. Vous rire » comme un Française. Le rire excessif, il annon- » ce le frivolité, une faible entendement, et c'est » le marque sûr d'un cerveau vuide ou évaporé. » Un penseur, un philosophe, un Anglais, ne ja- » mais rire »; et Miss n'en rioit que plus fort.

Je ne savais à quoi attribuer cet accès de gaîté; j'éprouvais un mouvement d'inquiétude et d'impatience, lorsqu'une glace me mit dans la confidence. C'étaient ma tête tondue, ma chienne de calotte, et mon accoutrement original qui faisaient rire à mes dépens, et dont je finis par rire moi-même. Mylord, qui ne riait jamais, et qui était avare de ses paroles, me fit signe de desservir, et pendant que je descendais, il disait à sa fille : « Cette » madame le Taverne n'avoir pas the common-» sense. Dégrader ce paitit gâçon, en habillant » lui comme un moine ! c'est ridiculous ». Voilà votre punch, me dit l'hôtesse quand j'entrai dans la cuisine. Vous dinez sans doute, mon petit ami ? Et copieusement, madame, lui répondis-je. Servez votre maître, reprit-elle, et je vous traiterai en ami ». Je ne me le fais pas dire deux fois : je mets le *bowl* devant Mylord, et je vais m'asseoir à table d'hôte. Je bois et je mange comme quelqu'un qui ne sait pas s'il trouvera à souper; et pendant que l'hôtesse a les talons tournés, je saute dans la voiture, et je rentre dans mon coffre. J'ignorais sur quelle route j'étais, dans quelle ville je me trouvais, si Mylord en partirait après avoir vuidé son *bowl*, s'il y passerait la journée, le lendemain; mais j'avais dîné, j'étais bien aise d'éviter les explications; j'avais passé une très-mauvaise nuit, j'avais besoin de repos, et je m'endormis.

Lorsque je me réveillai, le soleil était allé éclairer les antipodes, où nous avions fait un demi-tour sur nous-mêmes, selon que le lecteur sera cartésien, ou ticho-brahéien : la voiture allait grand train, malgré la loi de la gravitation, et je me sentais frais, gaillard et dispos. Je m'apperçus que nos idées dépendent en effet de notre digestion, et mon imagination du soir était couleur de rose, comparée à mon imagination du matin ; les frayeurs qui m'avaient offusqué le cerveau étaient évanouies ; Mylord me paraissait un assez bon diable, à quelques singularités près, et je résolus de pousser l'aventure à sa fin.

On arrête à la porte d'une ville ; le postillon appelle le portier, tempête, jure, fait claquer son fouet de manière à réveiller un sourd, et le portier n'arrivait pas. « *Goddam*, dit enfin » Mylord, cette portier d'Amiens, il me joue tou-» jours cette tour ». Diable, dis-je en moi-même, me voici à Amiens, dont les habitans se laissent prendre avec des noix, et doivent être faits comme des écureuils, à ce qu'assure monsieur Bridault : nous allons voir cela. Le portier ouvre enfin. « Voilà un guinée, mon hami, lui dit » Mylord d'un ton tragi-comique ; mais hap-» prenez qu'on ne fait pas attender un gentil-» homme anglais ». Le portier se confond en excuses, en complimens ; il ne prévoyait pas qu'il dût passer un anglais ; il ne se serait pas couché s'il eût attendu un anglais, etc. etc. etc. et pendant que ce bavard se remet au lit, nous arrivons à l'auberge. Je sors lestement par mon trou, j'ouvre la portière, je présente la main à Mylord, qui me fixe à la lumière de plusieurs flambeaux, et dit : Ah ! ah ! Oh ! oh ! continua sa fille. Hi ! hi ! firent les gens de la maison. Je ne me déconcerte point ; je prends le sac de nuit d'une main, un flambeau de l'autre, et je marche en avant, en criant : Place, place à » Mylord ; le plus bel appartement à Mylord, » un excellent souper à Mylord, et qu'on serve » à la minute ; Mylord n'est pas fait pour at- » tendre comme un Français ». Ah ! ah ! répétait Mylord en me suivant : le drôle de petit corps, reprenait sa fille en riant ; et la valetaille de l'hôtel fermait la marche, en riant plus haut qu'elle de ma tournure séraphique. Mylord s'arrête au milieu des degrés, se tourne vers eux, et leur dit gravement : « Pourquoi vous » moquez ce paitit gâçon ? qu'importe qu'un ha- » bit il soit fait d'un façon ou d'un autre ? c'ette » le homme qu'il faut voir, et non son couver- » ture. L'entourage il n'est quelque chose que » quand l'individu il n'est rien. Qu'on me cher- » che une fripier-tailleur, et qu'on se taise ». Ah ! ah ! dis-je tout bas à mon tour, voilà qui s'annonce bien.

Nous entrons dans une chambre assez propre. Je demande à Mylord s'il veut se mettre à son aise ; et, sans attendre sa réponse, je tire du sac de nuit son bonnet de coton blanc, son manteau de lit d'indienne piquée, ses pantoufles de maroquin verd, et sa boîte à tabac. J'enlève sa perruque noire coupée, je le débarrasse de son habit marron, de sa veste écarlate galonnée en or, et je l'affuble de son accoutrement du soir; je lui présente un fauteuil, dans lequel il s'enfonce sans me dire autre chose que son ah! ah! qu'il répète à chaque tour que je fais dans la chambre, en me regardant d'un air admiratif. Il me présente ses pieds, qu'il ne pouvait déchausser lui-même, parce que son ventre décrivait une demi-courbe qui commençait à la clavicule, et qui se terminait sur ses genoux. Je relève délicatement deux ou trois pelotes de graisse qui retombaient agréablement sur sa boucle, et ses pieds passent de ses souliers dans ses pantoufles. « C'est fort bien, me dit enfin
» Mylord. Apprenez-moi maintenant pourquoi je
» trouve vous pâtout, et quel diable vous porte
» d'un endroit à un autre. » ? C'est où je l'attendais : je lui contai mon histoire, et je n'en oubliai pas la moindre circonstance. Mylord s'était expliqué sur le rire et les rieurs, et de temps en temps il se mordait les lèvres pour ne rien

perdre de son grand sérieux; mais ses efforts furent vains, et la nature l'emporta sur la morgue. Les muscles de son visage commencèrent à jouer, son ventre sautait de son menton sur ses cuisses, et de ses cuisses à son menton; ses deux mains appuyées sur les bras de son fauteuil soutenaient à peine son corps, qu'agitaient des mouvemens convulsifs; une toux violente le saisit, il devint violet en un instant; et sa fille, en riant de plus belle, se hâta de lui ôter sa cravatte, pendant que je lui frappais sur le dos.

Le ventre de Mylord reprenait son assiette ordinaire, les muscles de son visage reprenaient leur immobilité, et son sang commençait à circuler librement, lorsqu'un homme entra portant un gros paquet dans lequel étaient des habits de toutes les tailles et de toutes les façons. Habillez ce paitit gâçon, monsieur le maître, lui dit Mylord; et il se tourna vers la cheminée, alluma sa pipe, et ne se mêla plus de ce qui se passait derrière lui. Je visite exactement tout ce que renfermait la serpillière, et je m'arrête modestement à une veste bleu-de-ciel, galonnée en argent sur toutes les tailles, un petit gilet couleur de rose, et une culotte de casimir serin; je trouve dans le fond du paquet une demi-douzaine de mouchoirs de Percale, et je les destine à remplacer ma calotte et à me tenir lieu de cravattes. Je passe dans une chambre voisine, et je rentre cinq minutes après, équipé de manière à faire honneur à la générosité de Mylord. Ah! qu'il est bien, mon papa, s'écrie la petite Miss; voyez donc quelle jolie figure! Mylord sonne sans me regarder, et l'hôtesse entre. « Madame, » lui dit-il, payez monsieur le maître, et faites » mounter toutes vos gens ». A l'instant l'appartement s'emplit de marmitons, de garçons servans, de garçons d'écurie, et de ces filles qui prient les voyageurs de ne pas les oublier, parce qu'elles leur ont couvert un lit et découvert autre chose. « Apprenez, leur dit » Mylord, que ce paitit gâçon il est à moi, et » qu'on ne mocque pas quelqu'un qui appar- » tient à un gentilhomme anglais ». Je sautai de joie; Mylord s'en apperçut du coin de l'œil, n'en parut pas fâché, et fit un signe de la main, d'après lequel chacun se retira sans rire, et sans souffler le mot.

Je commençai aussi-tôt à remplir mes fonctions. Je mis le couvert, je montai le souper, et je servis Mylord avec intelligence et exactitude. Il ne faisait que tordre et avaler, et son assiette disparaissait en un clin-d'œil; il aimait à boire, et son verre n'était pas plutôt vuide que je l'avais rempli; il avait demandé du *punch* à dîner ; de mon autorité privée je lui en montait un *bowl* au dessert, et je l'accompagnai d'une gazette anglaise que j'avais trouvée sur le comptoir de l'hôtesse. Ce dernier trait l'enchanta, et il me marqua sa satisfaction par un signe de tête. Je descendis à la cuisine, où on me servit à mon tour, avec des marques de considération qui me flattèrent infiniment ; et lorsque je me sentis en état d'attendre le déjeûner, on me conduisit à un excellent lit, dans lequel je m'étendis avec délices, en bénissant ma destinée.

CHAPITRE VI.

J'arrive à Paris.

On ne passe pas d'un état désespéré à une condition supportable, sans éprouver des sensations inconnues, séduisantes, chimériques peut-être, mais auxquelles l'imagination se livre avec complaisance, et qu'elle embellit des traits de la vérité. Le bonheur n'est plus un être de raison; on le voit, on le touche, on s'en pénètre, et si l'on se rappelle la crise qui a précédé ces momens d'ivresse, c'est pour sentir plus parfaitement sa félicité présente. Un amant désespéré de l'infidélité d'une maîtresse adorée, et qui tient la preuve certaine de sa constance; l'ambitieux aux joues cavées, au teint have, qui reçoit un brevet qu'on disoit envoyé à quelqu'un qui le méritait mieux que lui; un avare qui croit son trésor perdu avec sa maison que dévore un incendie, et qui s'échappe à travers les flammes sa cassette sous le bras; le marin qui surmonte la violence des vagues qui viennent d'engloutir son vaisseau, et qui brave du rivage leur impuissance et leur fureur; l'innocent justifié au pied de l'échafaud; ceux-là auront une idée nette et précise de ce qui se passait en moi. Ma chambre, mon lit, mes habits, Mylord, sa fille, leur voiture, le présent, l'avenir, tout se peignait en beau à mon œil satisfait : un monde nouveau venait d'éclore pour moi ; je me laissais aller au charme qui m'entraînait ; je me sentais bercé par la main du plaisir. Cependant je ne dormis point ; je ne pensai point à dormir ; je faisais mieux, je jouissais, et cette nuit fut la plus douce que j'aie passé de ma vie.

Cinq heures venaient de sonner, et le plus profond silence régnait encore dans l'hôtel. Mylord n'est pas fait pour attendre, me dis-je aussi-tôt ; Mylord n'attendra pas. Je me lève, je prends mes habits pièce à pièce ; je les regarde, je les étends sur mon lit, sur des chaises ; je les regarde encore, je les touche, je leur souris, je leur parle. Quelle richesse, quelle élégance, disais-je en m'habillant, et tout cela est à moi ! je me considérais dans une glace, et je remarquais avec satisfaction que ma figure ne faisait point de tort à mon ajustement ; Miss a raison, m'écriai-je, en finissant ma toilette, je suis vraiment joli garçon.

Je descendis à la porte de Mylord ; j'écoutai et je n'entendis rien. Restons ici, me dis-je alors, soyons immobile, et que Mylord en ouvrant les yeux jouisse de ses bienfaits et de ma reconnaissance. Un moment après j'entends tousser; on crache, on se mouche, on sonne, et la porte s'ouvre aussi-tôt : « Je suis content, » me dit Mylord; demandez les chevaux, et » faites mounter lé thé ». Tout dormait encore dans l'hôtel. Je vais, je viens, j'appelle, et pendant que les gens de la maison bâillent en se frottant les yeux, j'allume un grand feu, je le charge d'un trépied et d'une casserole pleine d'eau, et je cours à la poste. Une voiture attendait; les chevaux allaient être mis : c'est pour Mylord, criai-je de cinquante pas, vîte des chevaux à Mylord; et au nom de Mylord le postillon part au grand trot, me suit, et laisse là ses voyageurs, qui ne concevaient pas qu'on préférât un anglais à des gens comme il faut, et qui paient leur guide à dix sols par poste. Je rentre dans la cuisine, je presse la fille; le thé est prêt, je le place devant Mylord, je lui annonce que sa voiture l'attend, et j'ai grand soin de m'essuyer le visage, pour qu'il n'ignorât pas que j'avais couru. Miss paraît, me sourit d'un petit air plein de graces; on prend le thé, on demande la carte, on paie, et on descend.

Je n'avais guères que onze ans; il n'y avait pas d'apparence que je pusse conduire un cheval et supporter la fatigue de la course; d'ailleurs je n'avais ni la culotte de peau de daim, ni le tapabord de velours noir, ni sur-tout les bottes à l'anglaise; et le jockei de Mylord ne pouvait monter à cheval sans le costume le plus exact: ainsi il fut décidé que j'irais d'Amiens à Paris dans l'intérieur de sa voiture.

Mylord occupait le fond de la berline, ses jambes étendues sur le coussin de devant; Miss était à côté de lui, et j'étais vis-à-vis d'elle. Nos yeux se rencontraient presque sans interruption; les siens étaient beaux, j'avais du plaisir à les voir; ses genoux touchaient les miens, et j'y trouvais encore du plaisir : elle m'adressait quelques mots, et sa voix flattait mon oreille; elle me parlait avec bonté, et cela m'allait au cœur.

Mylord voulait faire une anglaise de sa fille, c'est-à-dire, qu'il essayait de lui persuader que le peuple anglais est le premier peuple de l'univers, et que les autres ne sont que des barbares tout au plus dignes de l'admirer et de le servir. Mylord était silencieux par système et par habitude; mais il ne tarissait pas quand il trouvait l'occasion de médire de la France, et même de la calomnier. Il commença la conversation par une sortie violente contre les Français; et pour que je ne perdisse rien de son immense érudition, il eut la complaisance de nous déchirer dans notre propre langue. Il parlait français comme un maître-ès-arts parle grec; sa fille, qui le parlait très-bien, riait de ses balourdises, et le reprenait quelquefois. Mylord s'ennuya d'être repris, se fâcha, prétendit avoir parlé et prononcé à merveille; Miss prétendit le contraire, tira un livre de sa poche, chercha le mot qui était l'objet de la contestation, le trouva, et me dit de juger. Je sentis pour la première fois qu'il peut être utile de savoir lire; je rougis, je ne répondis rien, et je crus voir dans un regard de Miss, le regret qu'elle avait de m'avoir humilié.

Nous arrivâmes à Chantilli. Tout était plein dans l'auberge où nous descendîmes; il ne fut pas possible de donner une chambre à Mylord. Mais on lui dit qu'on allait servir un monsieur, qui était seul, qui paraissait très-honnête, et qui serait sans doute flatté de dîner avec lui. «Jé lé crois bien, parbleu, reprit Mylord, » paitit gâçon: faites mon compliment à cé » Monsieur, et dites à lui que Mylord Tillmouth, » et Miss Juliette sa fille, ils se proposent de dîner » avec lui ». Le Monsieur m'écouta d'un air très-affable, n'eut pas l'air de s'appercevoir que le compliment pouvait être plus poli; et me répondit qu'il serait enchanté de pouvoir faire quelque chose qui fût agréable à Mylord. « Jé

»lé crois bien, parbleu», répéta mon anglais, lorsque je lui rapportai la réponse du Monsieur; et il entra dans sa chambre. Le Français s'avança quelques pas au-devant de lui, le salua respectueusement, présenta la main à sa fille, et lui offrit un siége. Mylord répondit à tout cela: « C'ette fort bien, ne vous dérange pas. Miss » ajouta: Nous sommes très-flattés, Monsieur, » que le hasard nous procure le plaisir de vous » connaître. C'est assez, c'est assez, interrompit » Mylord. Dînons, car j'ai une grande appétite, » et jé suis pressé de partir». Miss rougit, le Mon- »sieur sourit, on servit, et on se mit à table.

Ce Monsieur était un homme de trente-cinq ans, qui avait cette noble aisance, cette politesse franche et gaie qui plaisent au premier abord. Aussi je m'apperçus qu'il plaisait à Miss, autant qu'il paraissait charmé lui-même de ses graces enfantines, et de la justesse de son esprit. Pour Mylord, plus le Monsieur était aimable, et plus il fronçait le sourcil.

La conversation s'engagea à la fin. Mylord écrivait régulièrement tous les soirs ce qu'il avait fait et dit dans la journée. Je trouvai quelques années après ce dialogue dans ses papiers, et le voici tel que je l'ai traduit :

« Mylord paraît avoir de l'humeur? — Cela » se peut. — Aurais-je le malheur d'en être la

»cause ? — Non pas individuellement.—Auriez-
»vous la faiblesse de la plupart de vos compa-
»triotes?... — Mes compatriotes n'ont pas de fai-
»blesses.— Mais leur aversion pour tout ce qui
»est français...... est fondée sur l'expérience et
»la raison. — Vous la partagez-donc ? — Ne me
»pressez pas, je suis franc.—Il est triste que des
»hommes faits pour s'estimer et se chérir, soient
»éternellement dupes d'une prévention....— Pré-
»vention, dites-vous ? Récapitulons les ridicules,
»les défauts, les vices des Français, de leur gou-
»vernement et de leur culte, et vous verrez......
»qu'ainsi qu'en Angleterre, tout y est mêlé de
»bien et de mal. — Vous osez comparer l'Angle-
»terre.... — Ne vous échauffez pas, Mylord.
»Voyons votre récapitulation.

—»Le sol de la France est fertile et délicieux;
»mais qu'on y est loin encore du degré de per-
»fection où les Anglais ont porté l'agriculture !
»Le laboureur condamné aux corvées, écrasé par
»la taille, la gabelle et autres exactions qu'on
»appelle des impôts, déserte vos campagnes, ou
»tombe dans le découragement et le désespoir.
»Il voit périr d'inanition des enfans à qui il ne
»peut donner que du sel pour toute nourriture;
»on lui arrache jusqu'à son grabat, pour satis-
»faire à la rapacité des préposés du prince ; et si
»dans un moment d'une fureur légitime, il ose

» venger sa déplorable famille, c'est pour lui seul
» qu'il existe des loix, c'est sur lui seul qu'elles
» sont exécutées; elles n'atteignent jamais la puis-
» sance, ni la fortune. En Angleterre, on ne
» connaît pas de corvées; on ignore ces impôts
» avilissans qui ne pèsent que sur une classe de
» citoyens. Le voyageur paie les réparations des
» chemins; le noble contribue comme le roturier
» aux besoins de l'état; la loi est égale pour tous,
» veille au bien-être de tous, et frappe également
» sur tous, sans acception de personnes, de rang,
» ni de richesses. Le Roi est son premier sujet.
» Tout-puissant pour faire le bien, il ne peut
» attenter à la constitution, sans compromettre
» sa couronne et sa tête. Les deux chambres sont
» les conservatrices des libertés du peuple; et de
» l'équilibre de ces pouvoirs réunis, mais dis-
» tincts, résultent la sûreté et la durée de l'em-
» pire. En France, le prince est absolu, sa vo-
» lonté fait la loi, et ce sont ses agens qui l'exé-
» cutent. Le peuple rampe devant le dernier
» courtisan, qui, après avoir brigué à force de
» soumission et de bassesses un regard protecteur
» du maître, va se venger sur ses vassaux des
» opprobres dont il s'est abreuvé à la cour. Nous
» vivons tous dans nos terres, et le peuple nous
» pardonne une aisance qui n'est jamais oppres-
» sive, qui vivifie le commerce, qui anime l'in-

»dustrie, et répand par-tout l'abondance. — Ce
» que vous venez de dire, Mylord, est très-vrai
» à certains égards. Il est en France des abus
» cruels, que tôt ou tard on réformera sans
» doute, *mais avec réflexion et sagesse, sans*
» *précipitation et sans emportement.* Alors,
» Mylord, vous aurez des reproches de moins à
» nous faire, et du loisir de plus pour vous ap-
» percevoir que le temps altère tout, change
» tout, que le peuple Anglais vend aujourd'hui
» ses suffrages, que celui qui a payé son élec-
» tion d'une partie de sa fortune, se vend à son
» tour à un ministre ambitieux, qui gouverne un
» monarque imbécille, et qui déchire feuille à
» feuille la charte de vos priviléges.

Mylord se mordit les lèvres, et continua ainsi :
« La religion influe plus qu'on ne pense sur le
» gouvernement. Un culte qui ne parle que de
» crimes et d'expiations, qui n'inspire que des
» terreurs, qui retrécit l'entendement humain
» par des pratiques superstitieuses, ôte enfin à
» l'homme cette énergie qui le pénètre du sen-
» timent de sa dignité, et qui le rend capable de
» grandes choses. Par-tout les catholiques romains
» sont esclaves, et ils doivent l'être. Vous êtes
» catholiques, et vous parlez de réforme! Abjurez
» d'abord cet assemblage étonnant d'absurdités
» et de contradictions. Cessez de reconnaître un

F

» Dieu des miséricordes et un Dieu des ven-
» geances ; d'être cruels ou tolérans, selon que
» vos prêtres ont intérêt d'épargner le sang ou
» de le répandre. Songez que votre religion a
» dévasté tour-à-tour les quatre parties du monde.
» Les croisades, la destruction de l'espèce hu-
» maine en Amérique, la proscription des Maures,
» le massacre des Vaudois, la journée de la Saint-
» Barthélemi, les dragonnades des Cévennes, les
» bûchers de l'inquisition, des États troublés,
» ravagés, par des papes; des couronnes données,
» ôtées, et rendues par eux; la chaire de saint
» Pierre elle-même déshonorée par l'inceste ; le
» viol, la perfidie, l'avarice et le meurtre : tels
» sont les abominables effets du catholicisme. Et
» vous êtes catholiques ; et vous parlez de ré-
» forme !

« Mylord, reprit en souriant le Monsieur, le
» temps des orages est passé ; la foudre n'est
» plus à craindre quand le ciel est devenu serein.
» Ces excès de nos pères étaient les fruits de
» l'ignorance. Le fanatisme, le zèle aveugle, ont
» disparu avec elle. La religion n'est plus que ce
» qu'elle doit être ; un hochet pour le peuple,
» et rien pour l'homme éclairé. Mais, dites-moi à
» votre tour, Mylord, pourquoi dans certains
» pays on s'occupe encore d'affaires de reli-
» gion ? Pourquoi en Angleterre, par exemple,

»il est des sectes qui sont à peine tolérées ?
»Pourquoi le catholicisme y redoute-t-il sans
»cesse la malveillance, la haine publique et
»les injustices du gouvernement ? Quoi ! un
»peuple de philosophes est encore persécu-
»teur! Que lui importe qu'on prie Dieu en latin,
»ou en anglais, ou qu'on ne le prie pas du tout ?
»Dès long-temps on ne devrait plus dire un tel
»est chrétien, juif ou mahométan; on devrait
»dire simplement : un tel est honnête homme,
»ou un tel est un fripon ; sur-tout en Angleterre
»où la raison a fait des progrès étonnans ». Mylord allait remercier obligeamment le Monsieur,
lorsqu'il ajouta : « Oui, des progrès étonnans, qui
»ne vous empêchent pas d'être exagérés et in-
»justes envers les Français, qui cependant ne
»diffèrent de vous que par des usages sensés,
»ou ridicules, mais à-peu-près indifférens : le
»cœur humain est le même par-tout.

»Je ne suis pas du tout de cet avis, repliqua
»Mylord, et je suis très-loin d'être satisfait des
»moyens faibles et captieux que vous venez de
»m'opposer ; ils me confirment dans mon opi-
»nion. Passons maintenant à des objets moins
»sérieux, mais bien dignes de l'attention d'un ob-
»servateur : examinons le caraqtère national.—
»Ceci me touchera de plus près, et j'oserai ré-
»pondre à Mylord.—Osez, osez.—Vous le per-

» mettez ? — Sans doute. — Allons, Mylord, que
» pensez-vous du caractère national ? — Le
» Français est vain, léger, inconstant. — L'An-
» glais est orgueilleux, pesant, et ne tient à ses
» habitudes, que parce que son imagination in-
» dolente n'a pas la force de desirer et de jouir. —
» Si le Français à quelques momens de jouissance,
» ils passent aussi rapidement que la sensation qui
» les a fait naître. — Un moment de jouissance
» fait oublier des années de peines. Que je plains
» ceux à qui la nature a refusé les moyens de
» s'étourdir sur leurs maux ! Le Français, incon-
» sidéré, sacrifie tout aux convenances, jusqu'à la
» morale. — L'Anglais, réfléchi, ne choisit le vice
» que par haine de la vertu. — Le Français est
» esclave de la mode. — Et l'Anglais de la pré-
» vention. — Le Français répond en chantant,
» quand on lui parle raison. — L'Anglais croit
» répondre, parle toujours et ne prouve rien. —
» Le Français passe sa vie aux pieds de ses maî-
» tresses. — Ne doit-on rien à qui nous rend heu-
» reux ? — Mais ses maîtresses le trompent. —
» Les Anglais ne le sont-ils jamais ? — L'Anglais
» trahi se brûle la cervelle. — Le Français se
» console. — Vos seigneurs, vos financiers, tout
» ce qui veut singer l'opulence et la grandeur
» entretient des filles, et se ruine pour elles. —
» Les lords et les marchands de Londres nour-

» rissent des chevaux et des coqs, et se ruinent
» en paris. Je crois, toutes réflexions faites, qu'il
» vaut mieux se ruiner à la française : il reste au
» moins quelques souvenirs. — Le Français se fait
» un jeu de dégrader les femmes qui l'avilissent
» à leur tour. — Il y a par-tout des séducteurs
» et des femmes sans principes. — L'adultère est
» plus fréquent en France qu'en Angleterre. —
» Cela n'est pas prouvé, et ce n'est pas la peine
» de disputer sur le plus ou sur le moins. — La
» dissipation dans laquelle vous élevez vos femmes
» les conduit à l'oubli de leur devoir. — L'aban-
» don auquel vous livrez les vôtres, la supério-
» rité que vous affectez sur elles, leur rendent
» le devoir insupportable. — Oui, nous sommes
» toujours maîtres de nous.... — Nous ne sommes
» pas si dupes. — Et cependant les Anglaises sont,
» après les Asiatiques, les plus belles femmes de
» l'univers. — Mais elles sont mélancoliques, sans
» usage du monde ; elles ignorent cette gaîté
» décente, qui fait le charme de la société : les
» Françaises, avec des traits moins réguliers, sont
» plus jolies, plaisent davantage, et l'art de plaire
» est préférable à la beauté. Soyez de bonne foi,
» Mylord, que concluez-vous de tout ceci ? — Ma
» foi, pas grand-chose, je l'avoue ; mais vous
» conviendrez au moins que nos soldats sont les
» plus braves de l'Europe, et nos généraux les

» meilleurs tacticiens. — Cela se peut, Mylord.
» Cependant vous avez été subjugués par tous
» les peuples qui ont voulu vous conquérir. Les
» Romains, les Danois, les Saxons, les Nor-
» mands, vous ont successivement mis sous le
» joug. La France a été envahie, et n'a jamais
» passé sous une domination étrangère ». Ici un
Goddam vint mourir sur les lèvres de Mylord, qui continua ainsi : « Vous ne nierez pas,
» je l'espère, que les Anglais ne l'emportent in-
» finiment sur leurs voisins dans les arts utiles,
» dans les sciences abstraites, et dans la haute
» littérature. Qui travaille l'acier comme nous ? —
» Personne. — Qui construit un vaissean comme
» nous ? — Personne. — Qui entend la manœuvre
» comme nous ? — Personne. — Qui a égalé le
» divin Newton ? — Personne. — Qui a fait des
» tragédies comme Shakespeare ? — Racine, qui
» réunit à plus de connaissance du cœur humain,
» la sagesse du plan, la régularité de l'action,
» et la richesse de la poésie. — Racine était nourri
» de la lecture des anciens, et il s'est approprié
» leurs beautés ; Shakespeare, né dans la lie du
» peuple, n'eut point de modèles, et son génie
» lui appartient tout entier. — Mais Shakespeare
» est incohérent, inégal, souvent trivial et bas,
» et l'un compense l'autre. — Quelqu'un a-t-il
» fait la comédie comme Driden ? — Molière est

»infiniment au-dessus de lui, et Regnard lui est
»quelquefois préférable. — Avez-vous quelque
»chose à comparer au Spectateur? — Lisez les
»Lettres juives. — Avez-vous un Fielding? —
»Nous avons au moins un Abbé Prévost. — Il n'a
»pas créé de caractères. — J'en suis fâché; mais
»je ne peux vous opposer que lui. — Qui oppo-
»serez-vous à Junins? Quel publiciste osa parler
»aux rois avec cette noble hardiesse dans un
»style qui n'appartient qu'à lui? — Ouvrez le
»Contrat social, et dites-moi quel est le plus
»profond, le plus concis, le plus véritablement
»éloquent de Junins, ou de Jean-Jacques? —
»Mais Jean-Jacques s'est borné à des données
»générales, et Junins a voulu réformer les abus
»de son pays. — L'ouvrage passe avec les cir-
»constances qui l'ont fait naître; les principes
»sont éternels. Laissez de côté la prévention na-
»tionale, et dites-moi, Mylord, où sont vos
»Fénelon, vos Labruyère, vos Lafontaine? Où
»est votre Encyclopédie? Où est votre Buffon,
»qui déroba les secrets de la nature, en fouillant
»jusques dans ses entrailles? Où est votre Vol-
»taire, dont le vaste génie embrasse tout, et
»qui n'eut des ennemis que parce qu'il fut su-
»périeur dans presque tous les genres? Où est
»votre Desault, qui guérit à Paris des maladies
»qu'on croit encore incurables à Londres?

» Avez-vous inventé l'art de fabriquer le papier,
» et de faire des horloges à roues ? Avez-vous
» trouvé l'imprimerie, la boussole, l'électricité,
» l'inoculation ? Vous avez profité dans les der-
» niers temps des découvertes des Italiens, des
» Allemands, des Chinois et des Turcs. Venise,
» Gênes, Bologne, Sienne, Pise, Florence et
» Padoue étaient déjà fameuses, que vos mai-
» sons étaient encore couvertes en chaume. On
» brûlait de la bougie à Milan, que vous vous
» éclairiez encore avec des morceaux de bois sec
» allumés. Vous ne mangiez de la viande que trois
» fois la semaine, on ne trouvait de vin que chez
» vos apothicaires, et vos chemises étaient de
» serge ; votre sol aride et inculte était couvert
» de forêts, et vous ne saviez pas vous garantir
» du froid, à l'aide de ces cheminées qui ornent
» aujourd'hui les maisons les moins recherchées ;
» vos familles s'assemblaient au milieu d'une salle
» enfumée, et s'asséyaient sur des escabelles de
» bois autour d'un foyer rond, dont la fumée
» s'évaporait à travers le plafond ; enfin vous
» étiez encore des barbares, que le luxe, enfant
» des beaux-arts, était déjà introduit dans une
» partie de l'Italie. Votre atmosphère humide
» et froid vous refuse cette imagination créa-
» trice qui donne l'immortalité ; vous êtes nés
» avec l'esprit de calcul et la patience qui per-

» fectionnent ; perfectionnez, mais rendez justice
» à vos maîtres.

» Il ne vous reste plus, continua le Monsieur,
» qu'à vanter votre ville de Londres, la seule dont
» vous puissiez parler. Je conviens que ses rues
» sont larges, bien pavées, que l'air y circule
» librement, que les trottoirs garantissent l'hum-
» ble piéton de la rapidité des voitures, que la
» basilique de Saint-Paul est la première après
» Saint-Pierre de Rome et Sainte-Sophie de Cons-
» tantinople; que la Tamise est la reine du monde;
» que les quatre parties de l'univers viennent dé-
» poser leurs tributs jusques sous des ponts, dont
» la hardiesse est digne de la majesté du fleuve
» qui les porte : mais n'oubliez pas, Mylord,
» que nous avons un Louvre, des Tuileries, des
» Champs-Elysées, cinq cents hôtels magnifiques,
» des bibliothèques, un jardin botanique, des
» peintres, des sculpteurs, et que vous n'avez
» rien de tout cela ; souvenez-vous qu'il n'est pas
» délicat de voyager dans un pays uniquement
» pour le dénigrer ; que les Anglais ne méritent
» pas notre admiration exclusive, que les Fran-
» çais peuvent être comptés pour quelque chose,
» enfin que le sage trouve par-tout des objets
» dignes de son attention, comme il trouve par-
» tout des choses qui le blessent, parce que les
» hommes de tous les lieux et de tous les temps

» ont des qualités et des travers, des vertus et des » vices ». A ces mots le Monsieur se leva, salua Mylord, et sortit.

Goddam, goddam, goddam, répéta Mylord pendant un quart-d'heure.... Paitite drôle, me dit-il enfin, demande le carte, et partons. Vous ne devez rien, Mylord, dit un garçon qui entrait pour desservir : le marquis de Condorcet a payé votre dîner. Goddam, dit Mylord, en se levant et en frappant du pied, un inconnu, un étranger, un Français paie le dîner de Mylord Tillmouth !... Voilà dix guinées pou lé gâçon; et si cet impertinente marquis de Condorcet il repasse jamais ici, dites-lui bien que j'ai donné en pour boire quatre fois le valeur du dîner. Nous partîmes enfin, et il ne cessa de gronder entre ses dents jusqu'à l'hôtel des Mylords, passage des Petits-Pères, où nous arrivâmes à la nuit.

CHAPITRE VII.

Une journée de Paris.

LE lendemain matin Mylord me donna ses ordres pour toute l'année. Je devais me lever tous les jours à sept heures, entrer chez lui à huit, donner le coup d'époussette à son juste-au-corps, la couche d'huile chinique à ses escarpins, lui monter à déjeûner, le chausser, lui passer sa cravatte, serrer la boucle de sa perruque, le mettre dans son remise, et m'aller promener jusqu'à quatre heures, que je rentrerais à l'hôtel pour lui servir à dîner, ou pour dîner moi-même s'il lui plaisait de manger ailleurs. J'étais maître de mon temps et de mes actions jusqu'à dix heures du soir que j'apprêterais ses pantoufles, son bonnet de coton, que je chargerais sa pipe, et que je mettrais les papiers anglais sur sa table de nuit; après quoi, je l'attendrais en dormant sur son ottomane, ou en bâillant aux corneilles, selon que je me sentirais disposé à veiller ou à dormir. Cette manière de répartir le temps me parut aussi agréable que celle du frère Joseph était excédente et ridicule, et je répondis à Mylord qu'il pouvait compter sur mon exactitude.

Il n'est pas de maître qui ne veuille savoir au moins le nom de son domestique, et on me demanda le mien. Je m'étais toujours appelé Jean, en commémoration du père Jean-François. Ce nom ne plut pas à Mylord : il y a des Jean partout, des Jean à la douzaine, des Jean de toutes les façons ; Jean sucre, Jean farine, Jean avant le mariage, pour peu qu'on épouse une brune éveillée; Jean après, pour peu qu'elle ne s'endorme pas; Jean que sa femme envoie à Charenton, Jean que sa femme fait fermier-général, Jean que l'ami de la maison caresse, Jean qu'il rosse, Jean qui pleure d'être Jean, Jean qui s'en moque et qui fait bien, etc. etc. Mylord jugea à propos de me débaptiser, et Miss Juliette prononça qu'à l'avenir je me nommerais Happy. Ce nom me parut un peu extraordinaire, et n'est pourtant que le Félix des latins, à ce que j'ai su depuis.

Après ces arrangemens préliminaires, Mylord se mit à son secrétaire, pour instruire les lords d'Angleterre, d'Ecosse et d'Irlande de son heureuse arrivée dans la capitale de l'Empire Français, et Miss passa dans son cabinet de toilette, où je la suivis sur la pointe du pied. Elle s'assit devant son miroir, et se regarda avec complaisance, en chiffonnant un ruban dans ses cheveux; elle était femme, jeune et jolie. J'étais appuyé sur le dos de sa chaise ; je la regardais aussi, et son œil noir, sa peau satinée, son bras arrondi, sa main blanchette, fixaient alternativement mon attention. Je n'étais pas entré pour cela ; mais j'oubliai ce qui m'amenait dans ce cabinet ; je regardais toujours, et je ne bougeais pas. Miss me trouva enfin dans un coin de sa glace ; elle me regarda à son tour. Je baissai les yeux, et je rougis sans savoir pourquoi. Je quittai le dos de la chaise ; mais mon œil se reporta involontairement sur la glace ; Miss me souriait. Je repris insensiblement ma première position, et je crois que je lui souris aussi. Elle se retourna enfin, et me demanda ce que je voulais. « J'ai reçu les » ordres de Mylord, lui répondis-je, et je viens » prendre les vôtres. Je n'ai point d'ordres à vous » donner, me dit-elle ; mais il me semble que mon » papa a distribué votre journée de manière à vous » laisser plus de temps qu'il n'en faut pour s'en- » nuyer, ou pour faire pis. A quoi passerez-vous » vos loisirs ? — Si Miss ne veut point me donner » d'ordres, ajoutai-je, me refusera-t-elle des avis ? » Elle se leva, prit un livre, me le mit dans les mains, me les serra et me dit : Je sais lire, Happy. Milord m'appella, me donna quelques billets à porter dans différens quartiers de Paris, monta en voiture avec sa fille, et ordonna de toucher chez l'ambassadeur de Sa Majesté Britannique.

Je tournais dans mes mains les billets de My-lord, et je disais : J'aurai le désagrément de me faire lire ces adresses. Ceux à qui je m'adresserai me prendront pour un sot, et il faut que j'en passe par-là. J'ouvrais le livre de Miss, et je disais : elle l'a lu ; il me semble que j'aurais du plaisir à le lire à mon tour : il faut apprendre à lire.

Je descendis à la cuisine, j'examinai tous les visages ; je n'en trouvai aucun qui eut un air scientifique. C'étaient des marmitons crasseux et gras, des garçons brusques, étourdis, qui passaient leur vie à ouvrir et fermer des portes, à monter et descendre des plats ; le maître de l'hôtel était savant sans doute, mais ses grandes occupations ne lui permettraient pas d'être mon instituteur, et son air important m'ôtait l'envie de le lui proposer.

Un tonneau était planté dans la rue, contre une borne. Dans ce tonneau était assise une petite brune de seize à dix-sept ans. Ses cheveux étaient arrêtés par un bavolet qui retombait sur une oreille, son juste était percé au coude, et cependant elle était jolie. La santé brillait sur son visage, la gaîté dans ses yeux, et elle chantait, un œil sur un livret accroché devant elle, et l'autre sur une semelle de drap verd qu'elle attachait à un bas de fil gris. Pourquoi une femme inspire-t-elle toujours plus de confiance qu'un homme ? pourquoi aime-t-on mieux lui devoir quelque chose ? pourquoi une vieille femme n'est-elle que respectable ? pourquoi s'éloigne-t-on d'une femme pour qui on ne sent que du respect ? pourquoi trouve-t-on ridicules les vieilles qu'on ne respecte pas ? etc. etc. Voilà des questions qu'on peut se faire à onze ans, et qui sont bientôt résolues à seize. Quoi qu'il en soit, j'abordai la petite ravaudeuse mon chapeau à la main ; je la saluai d'un air timide, et je lui dis que j'avais le malheur de ne savoir pas lire, mais que j'avais bonne envie d'apprendre. Elle me prit par la main, en continuant sa chanson ; me fit asseoir à côté d'elle, finit son couplet, ouvrit mon livre sur le bord de son tonneau, tira une grosse aiguille de son étui, et me donna ma première leçon, après laquelle je partis pour la rue du Bacq, où elle m'avait dit que s'adressait une des missives de Mylord.

A peine eus-je fait quatre pas, que je perdis beaucoup de l'admiration que j'avais conçue sur parole pour la ville de Paris. Les hommes étaient faits comme à Calais, les femmes mises à-peu-près de même ; les maisons étaient de pierre, les rues étroites et mal-propres. Un coup de coude me faisait faire un demi-tour à droite ; un second me remettait où le premier m'avait pris. Le perruquier me blanchissait une manche ; le charbonnier me noircissait l'autre; le porteur-d'eau jetait dans mes souliers l'excédent de ses seaux; le petit-maître, qui courait ventre à terre dans son wiski, m'obligeait à me coller contre le mur, et me couvrait de boue en passant; des femmes, barbouillées de rouge comme des roues de carrosse, décolletées jusqu'à la ceinture, et troussées jusqu'au genou, me prenaient par le menton, et me disaient des choses auxquelles je n'entendais rien. Je saluais tout le monde, ainsi que cela se pratique à Calais, et personne ne prenait garde à moi. On allait, on venait, on trottait, on courait, on se heurtait, on se rangeait, et on se cassait la tête sur le front de celui qui s'était rangé en même temps; on se passait la main sur le visage, on se demandait excuse, et on se remettait à courir. Je ne concevais pas comment toute la France se trouvait à Paris, quelles affaires pressantes faisaient courir tout ce monde à la fois; mais je jugeai que la première chose à apprendre en arrivant dans cette ville, c'est l'art d'éviter les coureurs tant à pied qu'à cheval. Je n'avançais plus qu'avec précaution, par ménagement pour mon individu, par égard pour la veste galonnée de Mylord, et je disais tout bas: Oh la sotte ville! oh les sottes gens!

J'entrai dans le palais-royal, qu'il était permis à la canaille de tous les genres de traverser jusqu'à dix heures du matin. Je fus étourdi de la somptuosité du palais, de la fraîcheur du jardin, de la tournure, de l'élégance, des graces des femmes qui commençaient à s'y rendre, de l'air agréable et facile des hommes qui les abordaient, et je me dis : Paris n'est pas tout entier dans les rues, et je pourrais bien m'être trompé. Je sors par la place du château-d'eau, j'enfile la rue de l'Echelle; et, sans m'en douter, je me trouve dans les Tuileries. A l'aspect du Louvre, d'un jardin immense, des statues de marbre qui le décorent, je me sentis pénétré d'un sentiment de respect, et je convins que Paris vaut bien Calais. Je sortais par la grille du côté de l'eau, et je vis un des trottoirs du pont-royal chargé d'une foule de curieux, qui paraissaient observer quelque phénomène hydraulique. Je m'approchai ; c'était un chien noyé, qui suivait le fil de l'eau, et qu'on attendait au passage. Je leur ris au nez. Un petit Monsieur, en habit de camelot et en perruque à bourse, un parasol sous un bras, et un chien-lion sous l'autre, me dit que je n'étais qu'un provincial et un impertinent. Je lui répondis qu'il n'était qu'un parisien et un sot, et j'entrai dans la rue du Bacq. Un Auvergnat, lourd comme un cheval, et vigoureux à l'avenant, gobait des mouches à la

G

porte d'un hôtel, en attendant le moment de porter une lettre ou une malle. Je lui demandai le numéro de la maison où j'avais affaire ; il me l'indiqua ; je remis mon paquet au suisse ; (car vous saurez que pour être digne de garder une porte à Paris, il faut être membre du souverain des treize Cantons) ; et je le priai de me dire de quel côté je tournerais pour remettre à leur adresse trois autres paquets de la même importance. Il m'envoya à la Chaussée-d'Antin. Je repassai le pont-royal, d'où une vingtaine de femmes regardaient un jeune homme qui nageait sur le dos avec une grace toute particulière, et je demandai mon chemin.

Après avoir marché un grand quart-d'heure, je jugeai convenable de reprendre haleine. Je m'amusai à regarder les boutiques qui garnissent le rez-de-chaussée des rues de Paris. Quelques-unes m'étonnèrent par leur variété et leur richesse, et je ne pus m'empêcher de m'écrier : Ah, mon Dieu ! les belles boutiques ! Qu'appellez-vous boutiques, me dit un marchand qui était sur sa porte ? Apprenez, mon ami, qu'il n'y a plus à Paris ni boutiques ni métiers. On a un *état*, et on tient un *magasin*. En effet, je passai devant des *magasins* de parfumerie qui avaient quatre pieds en carré, et qui renfermaient trois ou quatre savonnettes, une livre ou deux de pommade, et cinq à six paires de gants piqués. Je laissai derrière moi des *magasins* de modes, où quelques bonnets à-peu-près passés étaient accrochés aux vitraux pour la forme, et où on avait *emmagasiné* quelques filles telles quelles, qui passaient, par *état*, du *magasin* dans l'arrière-boutique. Je vis des *magasins* de cordonnerie, et je m'apperçus que *l'état* du propriétaire était de raccommoder des savattes; des *magasins* de librairie, contenant cinquante ou soixante bouquins, où on faisait son *état* de compléter des ouvrages dépareillés : enfin, je m'arrêtai devant un véritable *magasin*, où je crus voir les perles d'Orient, les diamans de Golconde, et les mines du Potose. Tout y était éblouissant et recherché. Le nom du *magasinier*, en lettres d'un demi-pied, formées de brillans de la grosseur du pouce, était entouré de rayons éclatans, et garnissait le fond du *magasin*. Un comptoir de bois d'acajou servait de niche à une *magasinière* immobile, dont le crâne était chargé d'aigrettes et d'étoiles, et dont les oreilles s'alongeaient sous le poids de ses girandoles. Hélas ! presque tout ce que je voyais était faux ; mais je ne m'en doutais pas, et je jouissais. J'étais cloué devant cet amas de richesses idéales ; je me rassasiais du plaisir de les considérer, et je ne m'appercevais pas qu'un homme, deux hommes, vingt, trente, quarante, cinquante hommes s'étaient successivement arrêtés autour de moi, la bouche béante, l'œil fixé au fond du *magasin*, et cherchant à découvrir l'objet de mon imperturbable attention. L'un d'eux, moins patient que les autres, me frappa enfin sur l'épaule, et me dit : « Que diable » remarquez-vous donc là ? — Je ne remarque » rien ; j'admire tout, lui répondis-je. — Voyez, » reprit-il, ce petit animal, qui nous tient là le » bec dans l'eau depuis une heure » ; et pan, il m'alonge un coup de pied dans le derrière, et je prends ma course pour esquiver le second. Le coup m'avait foulé un nerf, et je boitais en courant. Quatre ou cinq savoyards se mirent à courir en boitant ; je trouvai mauvais qu'on me contrefît ; j'en cognai deux ou trois, et je repartis comme un trait. Les savoyards me suivirent, en criant au voleur. Vingt ou trente personnes suivirent les savoyards ; une escouade d'invalides prit la piste, en sautillant en mesure sur ses jambes de bois ; les chiens du quartier aboyaient, les courtauds de boutique accouraient à leur porte ; mon cortège grossissait à vue d'œil ; j'allais toujours ; mais on me serrait de près : enfin, j'allais être étrillé, sans être entendu, lorsqu'une femme qui pissait debout, et qui pétait en pissant, arrêta mes badauds au coin du pavillon d'Hanovre. Ils se moquèrent d'elle ; elle leur jeta de la boue au nez, et pendant qu'ils se torchaient le mufle, j'entrai dans la première allée de la Chaussée-d'Antin, en m'écriant : Oh la sotte ville ! oh les sottes gens !

Une petite femme, vieille comme Hérode, sèche comme une latte, ridée comme un cornichon, et laide comme les sept péchés capitaux, sortit d'un trou pratiqué sous l'escalier, ou, si on l'aime mieux, de sa loge, et me demanda d'une voix tremblotante ce qui m'échauffait la bile. Je lui contai ma mésaventure : elle y prit beaucoup de part, remit elle-même ma lettre, qui était adressée à la maison attenante, me dit que les deux autres étaient pour la rue de Sève, me souhaita un bon voyage, me consola, m'embrassa, me cracha sa dernière dent au visage, et se renferma dans son trou.

Je me remis en route. Je marchais lentement sans m'embarrasser de ce qui se passait autour de moi ; je me proposais bien de faire comme tant d'autres, qui ont des yeux sans voir, des oreilles sans entendre, et des mains pour mettre dans leur gilet, ou dans le gousset de leur culotte : enfin, j'étais triste, humoriste, épigrammatiste, quand je découvris un dentiste, dont l'arlequin vrai rapsodiste, et menteur comme un journaliste, haranguait à l'improviste, avec l'audace d'un puriste, des benêts que le ciel assiste.

Je ne pus résister à la tentation. J'avançai, j'écoutai, je bâillai, et je levai les épaules, tant j'étais bête encore, pendant que l'auditoire émerveillé riait aux éclats. Je tournai le dos aux tréteaux et aux saltinbanques, et je m'en fus. Bientôt je m'apperçus que je n'avais plus mon mouchoir. Je retournai, je tâchai de reconnaître les pavés sur lesquels j'avais marché, et je ne vis pas de mouchoir. Je pensai qu'il pouvait être tombé aux pieds de l'*incroyable* arlequin, et je poussai jusques-là. Je demandai si on n'avait pas vu mon mouchoir; on se moqua de moi, et on m'apprit qu'il y a à Paris des gens dont l'*état* est de fouiller dans la poche de leurs voisins. Je me résignai, et je m'en fus tout droit à la rue de Sève, où j'arrivai sans accident. Là se terminaient mes messages, et il était temps, mes jambes ne me soutenaient qu'à peine. Je me demandai pourquoi on s'amusait à bâtir des villes grandes comme des provinces; je me répondis que je n'en savais rien, et je tâchai, clopin, clopant, de regagner l'hôtel des Mylords. Deux hommes passèrent auprès de moi, à la parisienne, c'est-à-dire, avec l'air très-affairé, sans avoir rien à faire,

L'un disait à l'autre : « Il a déterré ce corps
»à Clamart; l'autre ajoutait : C'est clair, et il
»n'a pas fait grace du linceul. Le premier re-
»prenait : Ce sont nos chirurgiens qui se font
»un jeu de violer les sépultures, sous le prétexte
»de guérir les vivans, comme si les vivans avaient
»quelque chose de commun avec les morts. Si,
»du moins, poursuivait le second, on faisait tout
»cela dans le silence et l'obscurité de la nuit,
»il n'y aurait pas de scandale; mais traverser
»Paris en plein jour, avec un cadavre sur l'épaule,
»c'est braver le public, la police et ses régle-
»mens.... Et qui sait encore à qui a appartenu
»ce corps qu'on va hacher comme chair à pâté?
»Peut-être à l'ame de feu ton père, ou à celle
»de feu le mien ; et tous d'eux s'écrièrent en-
»semble, comme par inspiration : Il faut le faire
»arrêter au prochain corps-de-garde ». Je regardai derrière moi, et je vis en effet un homme
qui marchait tranquillement, portant un mort
assez proprement, enveloppé, dont les extrémités allaient et venaient d'après le mouvement
du porteur. «Hélas! dis-je en moi-même, voilà
»peut-être un malheureux qui sera comme moi
»le jouet des circonstances et des sots : on l'ar-
»rêtera, on l'emprisonnera, on lui fera peut-être
»pis, pour avoir voulu s'instruire et être utile».
Je vais l'avertir ; je le dois, je le veux. Je l'at-

tendis, et je lui conseillai de prendre une autre route : il marchait toujours, et ne me répondait pas. Je le tirai par l'habit, et je répétai mon avis. Il me regarda, et continua sa route. Je le pris par le bras, je le conjurai de s'épargner de mauvaises affaires : je le pressais dans les termes les plus pathétiques que je pus trouver ; il me regardait, me faisait des signes de tête, et allait son train. Tout-à-coup nous fûmes entourés par des soldats du guet, et un sergent, en frappant le pavé de sa hallebarde, nous arrêta de par le roi. Je dis à monsieur le sergent que je n'étais pas un maraudeur de cimetière, que j'appartenais à mylord Tillmouth, et que je ne connaissais pas l'homme avec lequel on m'arrêtait. Monsieur le sergent repliqua que je le tenais par le bras, que cela indiquait complicité, et que nous irions tous deux au corps-de-garde, jusqu'à plus ample informé. Je n'étais pas le plus fort, et je marchai, en disant du fond du cœur : Oh la sotte ville ! oh les sottes gens !

La porte du corps-de-garde était déjà obstruée par des amateurs qui grillaient de voir un mort, et qui se bouchèrent le nez lorsque nous fûmes à vingt pas d'eux. Le sergent tira aussi-tôt son mouchoir ; ses soldats qui n'en avaient pas, prirent la basque de leur habit, et le factionnaire reçut l'ordre de faire passer de l'autre côté de la rue, de peur de la contagion; précaution qui ne servit qu'à piquer la curiosité et à augmenter le nombre des spectateurs.

L'homme au cadavre déposa son fardeau sur le lit de camp, s'assit à côté, et ne répondit pas aux interrogations de monsieur le sergent, qui m'interrogea à mon tour, et n'en apprit pas davantage. Il crut, vu l'urgence du cas, pouvoir déplacer monsieur le commissaire, et lui dépêcha monsieur le caporal, militaire d'un talent distingué pour enlever des filles, et déménager leur appartement. Monsieur le commissaire parut bientôt en robe et en rabat, suivi d'un clerc en habit noir et en cheveux longs; il se disposa à faire la levée du corps dans les règles, et à verbaliser contre qui il appartiendrait. Monsieur le clerc se frotta préalablement les tempes et le creux de la main avec de l'eau de Cologne faite à Paris, et vuida magnifiquement son flacon sur le carreau du corps-de-garde, puis il prit la plume, et minuta le protocole d'usage; après quoi monsieur le commissaire me demanda mon nom, ma profession, et le lieu de mon domicile. Je satisfis à ces questions, qu'il réitéra au spoliateur de sépultures, qui ne sonna mot, et se

mit à rire. « C'est bien le moment, lui dis-je,
» en lui donnant un coup de coude. Voilà une
» affaire qui prend une jolie tournure...... Les-
» quels, dicta le commissaire à son clerc, ont
» refusé de répondre, et ont manqué à la jus-
» tice, en lui riant au nez ». A ces terribles
mots, je tremblai d'aussi bon cœur que dans la
cour de monsieur Dessein. « Procédons main-
» tenant à la vérification du cadavre, continua
» le commissaire : tambour, détachez ce lin-
» ceul ». Le tambour obéit, en faisant la grimace, et le commissaire stupéfait ne trouva
qu'un mannequin qu'un peintre de l'académie
envoyait à un confrère par un commissionnaire
sourd et muet.

Les spectateurs se moquèrent du sergent,
de la garde, du commissaire, et de son clerc.
Le commissaire se plaignit au sergent de ce
qu'il avait compromis la dignité de sa charge;
lui reprocha de lui avoir fait apposer les scellés
sur une malle d'argenterie, dans laquelle on ne
trouva que des pavés; lui enjoignit d'être plus
clairvoyant, à peine d'être cassé; et pendant
que le sergent s'excusait et protestait de la
pureté de ses intentions, je sortis du corps-de-
garde, au bruit des *bravo* et des battemens
de mains de la multitude, qui aime autant trouver un innocent qu'un coupable, mais à qui il

faut des spectacles, de quelque genre que ce soit.

Il était à-peu-près six heures du soir, à ce que je vis en traversant le pont-neuf, qui n'est pas très-neuf, mais qui sera le pont-neuf tant qu'il plaira au temps et à la Seine de le laisser debout. Je ne savais pas trop ce que Mylord penserait de mon absence, ni comment il recevrait mes excuses ; je tremblais que Miss ne me soupçonnât d'avoir fait des sottises, lorsqu'au contraire j'en avais éprouvé de tous les genres. L'affection de Mylord m'était chère, mais celle de Miss me flattait davantage : j'étais déterminé à faire des miracles pour la conserver, et je sentais que je ne me consolerais pas de l'avoir perdue.

J'appris, en rentrant à l'hôtel, que Mylord n'avait pas dîné chez lui ; et je fus fort aise d'être dispensé de satisfaire sa curiosité aux dépens de mon amour-propre. Je mangeai un morceau sous le pouce, et j'attendis la voiture en faisant connaissance avec les gens de la maison. Mylord arriva enfin. Je courus à la portière. Miss sauta dans mes bras, Mylord s'appuya sur mon épaule, et donna sa main à un compatriote à-peu-près aussi volumineux que lui.

On monta. Mylord demanda du punch et des

pipes. J'avançai une petite table. Mylord s'assit d'un côté, son ami de l'autre ; et nos deux penseurs, séparés seulement par un flambeau, et se regardant gravement, la tête appuyée sur les deux coudes, se soufflèrent mutuellement de la fumée au nez pendant une bonne demi-heure, aux intervalles près, où ils puisèrent dans le bowl de quoi fournir à leur abondante expectoration.

Miss s'était assise sur l'ottomane, et avait l'air de travailler. J'avais l'air de ne penser à rien, et je m'approchai de l'ottomane. Je la sentis derrière moi. Je ne sais quoi me disait de m'asseoir; je ne sais quoi me le défendait; j'étais incertain, embarrassé. On me tira doucement, et je me laissai aller. On me demanda à demi-voix ce que j'avais vu de remarquable dans Paris. Je fus tenté de mentir ; je sentis que je ne le pouvais pas : je racontai tout ce qui m'était arrivé, à l'exception de ma leçon de lecture, sur laquelle je glissai je ne sais pas pourquoi. A chacune de mes catastrophes, Miss répétait : Pauvre Happy! Et le plaisir d'être plaint de Miss me fit oublier les désagrémens de la journée.

CHAPITRE VIII.

L'influence du Médecin.

La société de Mylord se bornait à quelques anglais assez maussades ; plus un médecin français, âgé d'environ trente ans, d'une figure pleine et agréable : une perruque symmétriquement peignée, et poudrée à blanc, un habit complet de pékin noir, faisaient ressortir la fraîcheur de son teint ; des manchettes de point d'Angleterre tombaient sur sa main potelée, qui caressait un Bec de corbin en or ; et l'œil s'arrêtait avec complaisance sur un superbe solitaire qu'il portait au petit doigt. Il avait toutes les graces que peut se permettre un médecin, sans manquer aux bienséances de son état. Il était aimable, spirituel, enjoué ; il savait l'anecdote du jour, parlait avec facilité, parlait de tout, et guérissait quelquefois ses malades en les amusant : il était couru de la cour et de la ville ; il était l'homme qu'il faut nécessairement appeler quand on sait vivre, et qu'on veut mourir décemment et dans les règles.

Il avait reçu un billet de Mylord, et il s'empressait de lui venir rendre ses devoirs. Il le félicita de son retour à Paris, se promit de le guérir de son antipathie nationale, essaya de le faire rire, en lui parlant de l'histoire de trois ou quatre femmes que tout le monde connait, et qui vont tomber dans l'oubli à force de célébrité. Il trouva Miss grandie, embellie ; il baisa la main du petit ange, qui n'en fut pas très-flatté, ni moi non plus.

Après ces préliminaires charmans, il fit un peu le médecin. Il trouva Mylord prodigieusement engraissé, lui répéta, pour la dixième fois, que l'air opaque de Londres lui était absolument contraire. Il lui rappela qu'il avait maigri régulièrement à chacun de ses voyages à Paris ; que la raréfaction de l'air y raréfiait son cerveau ; que ses fibres, ses nerfs, ses muscles, etc. y reprenaient leur élasticité ; que l'excessif embonpoint visait directement à l'apoplexie ; qu'il ne répondait plus de lui s'il retournait en Angleterre ; que l'amour de son pays ne devait pas lui faire renoncer à l'amour de lui-même ; que la patrie du sage est par-tout ; qu'à la vérité les Français sont des fous, mais que leur folie est aimable, et qu'au pis aller il vaut mieux vivre à Paris par raison, qu'aller mourir à Londres par système.

— Quel est le malade qui ose contester quelque

chose à la Faculté ? On rit de la médecine, on plaisante le médecin, on lui prodigue l'épigramme, le sarcasme; on fait l'esprit-fort quand on a des témoins : le médecin se venge dans le tête-à-tête; il tranche, il ordonne, il tue; le malade s'humilie, obéit, et meurt. Mylord écouta le docteur sans emportement; il se montra même docile et soumis; mais il éclata, quand celui-ci lui proposa de vendre son bien, de placer ses fonds en France, et de s'y fixer pour jamais. Le Docteur insista; Mylord se défendit. Il objecta le ridicule dont il se couvrirait aux yeux de ses compatriotes; il représenta que sa conduite serait en opposition avec ses principes, et qu'un sage ne compose jamais avec son intérêt personnel. Le Docteur lui repliqua que son entêtement, qu'il qualifiait de sagesse, le conduirait à la fin déplorable de M. Edmond. Mylord demanda ce que c'était que M. Edmond. C'est, lui répondit le Docteur, un homme opulent, d'une probité sévère, de mœurs austères, d'un esprit éclairé, qui vient de mourir à l'hôtel-dieu uniquement pour avoir été trop sage. Cela ne se peut pas, reprit Mylord. Voici son histoire, continua le Docteur :

Le danger d'être trop sage.

Edmond avait vingt ans; sa figure était de celles qui préviennent d'abord; sa taille était haute et dégagée; la meilleure éducation avait développé le plus heureux naturel, et il joignait à ces agrémens personnels trente mille livres de rente. Edmond, par conséquent, était l'idole de sa petite société : les mères qui avaient des fils le leur proposaient pour modèle; celles qui avaient des filles le leur souhaitaient pour mari; et les filles qui jugeaient un mari nécessaire à leur vertu, regardaient Edmond du coin de l'œil. Tout cela était très-naturel.

Edmond, jaloux de plaire à tout le monde, jouissait des éloges qu'on lui prodiguait, et s'efforçait d'en mériter de nouveaux. C'est en se rendant maître de soi, disait-il, c'est en subjuguant ses passions, que l'homme, devenu sage, peut se rendre essentiel. Oh! je vaincrai les miennes; et si mes talens, ma fortune et mes amis me font espérer un état brillant, la fougue de la jeunesse ne sera point un obstacle à mon avancement.

Ainsi raisonnait Edmond. Il croyait nécessaire d'anéantir des penchans naturels, de surmonter une passion dont la première étincelle embrasait son ame. Son cœur, sans objet qui le déterminât, éprouvait le besoin d'aimer ; besoin si doux, et qu'il est si doux de satisfaire. Fatales passions, dont le feu circule dans mes veines, vos efforts seront inutiles : je vous vaincrai, sans doute, disait le pauvre Edmond, car je le desire sincèrement, et j'y travaillerai de toutes mes forces.

La jeunesse est enthousiaste. Edmond, satisfait de lui-même, jouissait des victoires qu'il allait remporter, et il se livrait au délire de son imagination : il se montrait moins souvent ; sa conversation devint plus sérieuse ; il fut réservé auprès du sexe ; il renonça à ces jeux innocens dont il était l'ame, et qui suffisaient à une société qui savait s'amuser encore sans jouer et sans médire. Edmond, enfin, plus estimé peut-être, était trouvé moins aimable ; et les jeunes filles, qui s'étaient tant plues avec lui, avouèrent avec un soupir, qu'Edmond était un sage, et qu'un sage de vingt ans est un être bien insipide.

Edmond se voyait moins fêté, il en avait du chagrin ; mais il tâchait de se suffire à lui-même, et il ne concevait pas par quelle contradiction on prêche la sagesse et on fuit les sages.

Edmond parvint à cet âge où il ne suffit plus d'être aimable. La qualité de citoyen impose des devoirs ; la considération s'accorde à qui

H

les remplit. Edmond sentait tout cela; il brûlait d'être utile; mais il entrait dans son système de vivre sans ambition. Il voulait mériter la confiance publique; mais il croyait que la solliciter c'est s'avilir. Ses amis avaient du crédit; mais il fallait appuyer leurs démarches, implorer des protecteurs, employer la brigue, acheter le droit de rendre service à la patrie, obtenir enfin, par des manœuvres sourdes, le prix du mérite, qu'on arrache souvent à l'homme respectable pour le donner au caprice. Edmond aurait rougi de s'abaisser à de pareils moyens. On lui représentait en vain que l'homme sensé se ploie aux travers de son siècle. Il prétendait que le siècle devait se réformer, comme il travaillait à se réformer lui-même. Qu'arriva-t-il? Edmond, zélé pour le bien public, capable d'y contribuer par ses talens, vécut inutile et ignoré. Il attendit le moment de se faire connaître; ce moment ne vint pas, et il passa sa vie à chercher pourquoi il faut être inutile au monde quand on veut vivre sans ambition.

Edmond, sans état, était souvent oisif, et l'oisiveté amène l'ennui. Il n'était plus aimable; il n'avait jamais été prodigue; il lui restait à peine quelques liaisons. Il sentit que l'homme n'est pas né pour vivre seul, et que la femme est sa société naturelle. Oh! disait-il, j'aurai une femme, car ma religion veut que je multiplie, et j'ai de grandes dispositions à l'accomplissement du précepte.

Pour bien choisir, il faut voir. Edmond se rapprocha insensiblement du monde qu'il avait fui. Le desir de plaire lui rendit cette affabilité, cet air de gaîté qui lui étaient naturels; et à mesure qu'il se livrait aux autres, les autres revenaient à lui. Bientôt il fut empressé, tendre même auprès des belles. Comme il était riche et beau, on se sentait disposé à l'aimer, et chacune de ces petites créatures, attribuant son retour à l'effet de ses charmes, lui savait gré de l'effort, et était prête à l'adorer. Edmond n'avait qu'à jeter le mouchoir.

Il les aurait épousées toutes, tant il était généreux. Un peu de philosophie venait à l'appui de la commisération. Il venait d'éprouver que l'uniformité entraîne toujours l'ennui; et il n'est pas de diversité plus agréable que celle des femmes. Mais les mœurs se soulevaient contre cet affreux système; et Edmond aima mieux s'en tenir à une seule, et s'ennuyer toute sa vie avec elle, que de renoncer au titre sublime de sage. Il trouvait pourtant étrange qu'il fallût prodiguer les preuves du plus tendre amour à quelqu'un pour qui l'on n'en a plus; mais il se résignait, en songeant que la sagesse le veut ainsi.

Edmond ne pouvant avoir sept à huit femmes, voulut au moins en avoir une bonne, c'est-à-dire, en avoir une qui lui convînt. Il examina celles qui s'offraient à lui avec le flegme de la raison. Celle-ci est belle, disait-il ; mais elle est altière : son mari serait son premier valet. Passons à une autre. La taille de celle-là est parfaite ; sa gorge paraît formée par l'amour ; ses mains éblouissent par leur blancheur ; ses yeux noirs et languissans promettent un cœur tendre ; mais elle est bête : la beauté passe promptement ; il faut qu'il reste quelque chose à mon épouse. Les soirées sont longues l'hiver ; les nuits de l'hymen sont froides. Je parle peu ; il me faut une compagne qui parle pour deux : je trouverai cela aisément ; mais je veux qu'elle parle bien, et cela n'est pas si commun. Poursuivons.

Cette enfant, trop simple encore pour lire dans son cœur et cacher ses sentimens, a du plaisir à me voir, et me regarde sans cesse. Sans le vouloir, sans y penser même, elle est toujours près de moi ; dans nos jeux, sa main est souvent dans la mienne. Elle est jolie à quinze ans, et pourra être belle à vingt-cinq. Elle a des talens, de l'ingénuité, et ses saillies annoncent un esprit qui n'a besoin que d'être cultivé. Tout cela est charmant ; mais son caractère n'est pas décidé; et sais-je ce qu'il deviendra? Qui m'assurera que cette femme qui m'adore aujourd'hui, ne sera pas demain mon fléau? D'ailleurs, elle aura vingt mille livres de rente; et l'opulence corrompt les mœurs. Passons, passons.

Cette grande femme n'est pas jolie; mais sa figure est agréable : elle n'est pas des mieux faite, et cependant elle a des graces; elle a de l'esprit, et ne s'en doute pas; elle est mise simplement, mais avec goût; elle est pauvre : oh! tant mieux, tant mieux ! elle ne sera pas orgueilleuse; elle m'amusera sans me mépriser, parce que mon imagination est moins vive que la sienne. Un extérieur décent annonce, dit-on, une ame honnête : elle ne sera pas entourée d'une jeunesse brillante, qui jouirait de ma femme pendant que je m'ennuierais chez moi. Elle me sera unie par le double lien de la reconnaissance et de l'amour. Alexandrine, vous aurez la préférence.

Alexandrine s'apperçut de son triomphe, et son amour-propre en jouit. Il est si doux d'humilier ses compagnes, de renoncer au triste et pénible rôle de vieille fille, de recevoir une existence de l'hymen, d'avoir un mari jeune, beau, bien fait et riche! Tous les sens y trouvent leur compte. Alexandrine saisissait toute l'étendue de ces avantages, et elle aimait déjà beaucoup l'être charmant à qui elle allait les devoir.

Cependant Alexandrine n'avait pas vécu vingt-cinq ans sans s'appercevoir qu'elle avait un cœur ; et de l'amour à la faiblesse le pas est si glissant ! Un petit magistrat, espèce de bel-esprit, bien empesé, bien lourd, avait plu, il y avait dix ans au moins, à la faveur de quelques plats madrigaux, qu'Alexandrine trouvait charmans, parce qu'ils faisaient son éloge. L'homme de robe avait fait quelque temps sa cour à une vieille tante, pour approcher de la nièce. Au moyen de quelques tendres complaisances envers la douairière, il avait acquis la familiarité de la jeune personne ; et à force de se répéter qu'ils s'aimaient, ils en étaient venus tout simplement à se le prouver.

Cet arrangement fut toujours caché, parce qu'un robin doit être discret et prudent ; et on sait que les gens de robe remplissent exactement leurs devoirs. Alexandrine s'ennuyait quelquefois, et de son amant, et de son air guindé, et de sa robe, et de ses madrigaux. Mais elle sacrifiait à l'habitude : et puis c'était une fille nonchalante, que l'idée d'une nouvelle intrigue effrayait. Elle vivait donc avec son petit robin sans amour et sans haine, quand le sage Edmond lui offrit son cœur et sa main.

On sent bien que l'habitude ne tint pas contre des offres aussi brillantes. On voulut rompre avec le magistrat; celui-ci prétendit garder sa conquête; il y avait presque prescription : on s'échauffa mutuellement, et on finit par s'appercevoir qu'on n'était pas seuls. On convint d'un rendez-vous pour le soir, parce qu'une rupture de cette importance ne pouvait pas se faire sans explication.

Rien n'échauffe un amour presque éteint, comme l'infidélité d'une maîtresse. Le robin arrive à l'heure indiquée, plus tendre et plus pressant que jamais. Le désordre de ses sens ne lui permettait pas d'entendre Alexandrine. Elle jugea très-sagement qu'il fallait les calmer pour le rendre attentif.

Edmond croyait qu'il faut aimer sa femme, et il se passionnait pour sa future. Il savait qu'il faut paraître empressé, et il résolut de passer l'après-souper avec sa belle. L'obscurité, le silence de la nature prêtent un charme aux discours des amans. Edmond savait cela à merveilles, quoiqu'il fût sage. Il frappe à la porte de sa maîtresse; d'abord mademoiselle est sortie : Edmond veut s'en assurer; on ajoute d'un air indécis que mademoiselle est occupée, qu'elle ne veut voir personne. Edmond croit que la défense ne peut le regarder ; il écarte doucement la suivante, et entre chez Alexandrine. Il ne trouve personne, et marche vers une autre chambre : un soupir se fait entendre ; Edmond retourne sur ses pas, tire les rideaux du lit, et voit le magistrat travaillant de tout son cœur à pouvoir écouter ce que la belle aurait à lui dire.

Tout autre qu'un philosophe aurait fait un bruit affreux. Edmond s'en fut paisiblement chez lui, et ne comprenait pas pourquoi, dans une foule de femmes, il est impossible à un sage d'en trouver une qui lui convienne.

Edmond, méprisant le sexe, et croyant le haïr, rompit encore avec le monde, et la retraite l'excéda de nouveau. Que je suis à plaindre, disait-il ! Je vois tous les hommes satisfaits au moins quelquefois ; moi seul, je suis toujours malheureux. Plus je deviens sage, et plus je suis à charge à moi-même. Ah ! sans doute, je n'ai point fait encore assez de progrès dans l'étude de la sagesse. Les commencemens sont rebutans en tout genre. La félicité doit être le prix de la perfection ; il faut redoubler mes efforts pour devenir parfait.

Pendant ce monologue, un homme aborda notre sage ; il lui avait parlé trois fois au plus ; il avait besoin de vingt mille francs, et il lui donnait la préférence : que cela était flatteur pour Edmond ! Je vais donc être bienfaisant, pensait-il, et ce jour ne sera pas perdu pour la sagesse. La raison lui criait en vain : La bienfaisance est la plus belle vertu de l'humanité ; mais l'impudence des hommes est extrême, et l'on demandera toujours à qui ne refuse jamais. Edmond rejette ce conseil, embrasse l'inconnu, et lui dit : Je vois que vous êtes vraiment mon ami, car vous avez recours à moi dans l'adversité. Je n'ai pas vingt mille francs, mais j'ai des contrats : prenez celui-ci, engagez-le, et que j'aie une fois en ma vie contribué au bonheur d'un galant homme.

Son ami le laissa pénétré du plaisir d'avoir fait une bonne action, et ne concevant pas comment l'homme avide pouvait se le refuser.

Edmond s'ennuyant un jour plus qu'à l'ordinaire, s'avisa d'aller demander à dîner à l'homme aux vingt mille francs : il était sorti ; mais notre philosophe fut reçu par une femme de dix-huit ans, qui joignait à une beauté parfaite tous les attraits des graces. On l'accueillit comme quelqu'un à qui on a de grandes obligations : sa figure, sa taille, son air n'échappèrent point à la petite personne qui le mesura d'un coup-d'œil, et le résultat de l'examen fut un surcroît de politesses.

Hortense était sage ; mais elle était tendre. Son mari était vieux, laid, bizarre ; il était naturel qu'elle vit Edmond avec plaisir, et de son côté le philosophe trouvait son hôtesse charmante. La conversation s'anima; une femme peut être spirituelle avec modestie, enjouée sans indécence : Edmond convenait de tout cela, et sa vertu n'était pas alarmée. Vers la fin du repas, il crut appercevoir dans les yeux d'Hortense l'expression de la tendresse, et il se sentit ému : la dame vit son trouble, il fit naître sa confiance, et sans s'interroger sur la nature de ses sentimens, elle se livrait au charme qui l'entraînait. Le même feu embrasait avec rapidité le cœur sensible d'Edmond, et il se disait : Pourquoi est-elle la femme de mon ami ?

On quitte la table, et Hortense se met sur sa chaise longue; c'est un de ces meubles qu'une femme qui entend ses intérêts a toujours à sa disposition : la coquetterie l'inventa, et la coquette s'en sert à plus d'un usage : c'est de ce poste avantageux qu'Hortense attaquait le sage Edmond. Un bras arrondi soutenait négligemment sa tête, et des regards de flamme allaient se fondre dans le cœur du philosophe; deux globes, arrondis par l'amour, se laissaient voir en partie, et laissaient soupçonner des charmes plus intéressans encore; une jambe faite au tour, et qu'on ne pensait plus à cacher, l'abandon de la volupté, tout contribuait à perdre Edmond, et la tête lui tourna tout-à-fait : il tombe aux genoux d'Hortense ; il se tait, mais elle entend. Le silence est le plus doux langage des cœurs qui sympathisent ; ils jouissent dans le recueillement.

Le philosophe devint plus entreprenant, Hortense se montrait plus facile ; elle ne combattait plus que pour mettre un prix à sa défaite ; déjà cet aimable couple épuisait ces tendres caresses, délicieux précurseurs du plaisir, plus doux peut être que le plaisir même..... Tout-à-coup Edmond se souvient qu'il a fait vœu d'être sage. Frémir du danger où il est exposé, se dégager des bras d'Hortense, et fuir, est l'ouvrage d'une seconde. Hortense restée seule, pleura, et cela devait être ainsi : il est si dur pour une femme qui pense d'oublier sa vertu, et de l'oublier en pure perte !

Edmond en s'en allant s'applaudissait de sa victoire, et ne concevait pas qu'on pût faire son ami cocu. Plein de desirs et d'amour, occupé de l'image séduisante d'Hortense, il marchait tristement, la tête baissée : on l'arrête, il se retourne. Une inconnue, dans sa première jeunesse, moins belle qu'Hortense, mais plus piquante, qu'une gaîté folâtre animait, qui semblait n'exister que pour le plaisir, attaqua le pauvre Edmond dans tous ses sens : il étoit déjà plus qu'à demi vaincu, il fut aisé d'achever sa défaite. La sagesse a ses bornes, et les forces du philosophe étaient à bout : Flore l'enchante, le persuade, l'entraîne ; il est introduit dans le temple de l'amour.

La déesse du lieu en fit parfaitement les honneurs : le scrupule, une fois vaincu, est bientôt méprisé. Edmond passa plusieurs heures dans l'ivresse du plaisir ; enfin il revint à lui, rougissant de sa foiblesse : un instant avait ruiné sa vertu, confondu sa philosophie. Il sortit en gémissant de ce lieu de débauche, et se demandait comment un sage qui a résisté à une femme adorable et décente, cède aux séductions d'une catin.

Edmond fut reçu chez lui par un homme qui lui présenta humblement quelques papiers. Il est tout simple que l'homme aux vingt mille francs ne s'était pas borné à un premier emprunt : on se doute bien que d'autres amis aussi solides avaient souvent procuré à Edmond la satisfaction d'être bienfaisant ; il était trop délicat pour avoir pris des sûretés ; il avait affaire à des amis : d'ailleurs, aurait-il souffert que son nom fût cité au barreau pour des affaires d'intérêt ? il faisait profession du plus parfait désintéressement.

Son amour pour l'étude ne lui avait pas permis d'administrer son bien ; à peine connaissait-il sa fortune.

Cependant ses bons amis avaient emprunté les deux tiers de ce bien ; une mauvaise administration, la friponnerie de ses domestiques, des marchands, des ouvriers, avaient absorbé l'autre tiers. Edmond ne se soutenait plus que par son crédit, et ne s'en doutait pas. Le bruit de sa sagesse prodigieuse se répandit par-tout : tout le monde, excepté lui, savait qu'il était ruiné.

Comme on est convenu qu'il est inutile d'avoir des égards pour un homme ruiné, des gens qui avaient profité de ses dépouilles, et à qui il était redevable de modiques sommes, lui députèrent l'homme dont il est parlé ci-dessus. Cet homme était un huissier, et ses papiers des exploits.

Edmond reçut la nouvelle de sa ruine avec une résignation stoïque : voilà, s'écria-t-il, le moment où je recueillerai le fruit de mes travaux : c'est dans l'adversité que brille particulièrement un sage. L'huissier, qui n'entendait rien à ce galimathias, le supplia de lui compter huit mille sept cents soixante-quatre livres six sous trois deniers. Mon ami, lui dit Edmond, j'ai confié mon bien aux malheureux qui en ont eu besoin, et je ne ferais pas attendre mes créanciers après des sommes légitimement dues, s'il dépendait de moi de les payer. En vertu donc, reprit l'huissier, d'un petit mot de sentence, dont voilà la signification, vous voudrez bien me suivre. Edmond fut étonné un moment ; mais la sagesse rentrant bientôt dans ses droits, il quitta sans le plus léger serrement de cœur ses dieux domestiques, et il disait en suivant l'honnête huissier: Qu'il est beau de souffrir pour la vertu ; mais qu'il est singulier que la vertu me conduise en prison !

Après avoir souffert huit jours de la meilleure grace du monde, Edmond sentit que la liberté est le premier des biens, et il regretta de l'avoir perdue. Quelle faiblesse pour un sage ! Il la combattit vingt-quatre heures, et céda enfin malgré lui à l'évidence et à la nature.

Il se donna la peine de chercher les noms de ses bons amis, qui lui devaient des sommes considérables ; il s'abaissa à leur écrire, non pas en suppliant ; il écrivit en homme qui redemande son bien, et qui croit assez à la probité pour être persuadé qu'on le lui rendra à sa première réquisition. Les plus honnêtes lui firent dire qu'ils y penseraient, d'autres qu'ils ne savaient de quoi il était question, et le plus grand nombre ne lui fit rien dire du tout.

Alors la vertu d'Edmond s'aigrit considérablement; il fit venir un procureur, et le mit au fait de ses affaires : votre cause est excellente, lui dit le procureur ; donnez-moi vos billets. Hélas ! répondit Edmond, je n'en ai pas ; mais il est sûr que j'ai prêté environ quatre cent mille francs à mes amis. Votre affaire est *imperdable*, reprit le procureur : donnez-moi de l'argent, car les préliminaires d'un procès coûtent beaucoup. Eh ! je n'ai plus rien, répliqua le malheureux Edmond. En ce cas, s'écria le procureur, votre cause ne vaut pas le diable ; et il s'en fut.

Edmond ne se dissimula plus l'horreur de sa situation, et l'adversité lui parut d'autant plus dure, qu'il y était peu accoutumé. Il faisait à ce sujet des réflexions très-bonnes, mais très-tardives, quand il ressentit les premières atteintes d'un mal dont jusqu'alors il n'avait connu que le nom. Il se souvint de Flore, et s'écria dans l'amertume de son ame : Ah ! cet ami qui m'abandonne..... cet ami si peu digne de ma délicatesse..... si je l'avais fait cocu, je ne pleurerais du moins que ma liberté ! O Providence, que tes voies sont cachées ! Toutes les vertus me sont funestes, et la vérole est le prix de ma chasteté.

Cependant le mal faisait des progrès rapides ; et on envoya à Edmond le chirurgien chargé de rendre la santé aux prisonniers. Celui-ci, ainsi que beaucoup de ses confrères, avait la méthode de leur prodiguer des remèdes qui ne coûtent rien, qui ne valent rien, et au moyen desquels le malade guérissait s'il pouvait.

Ainsi, la vérole d'Edmond allait son train, en dépit du carabin, qui faisait semblant de vouloir l'extirper. Ses créanciers craignirent qu'on ne les obligeât à le traiter selon les lois de l'humanité, ce qui eût ajouté aux frais de détention. Ils relâchèrent leur prisonnier, qui ne concevait pas qu'il pût résulter un bien de la vérole.

Edmond avait trop d'amour-propre pour habiter une ville qui avait vu son opulence, sa sagesse, son désastre et sa vérole. Il se traîna à un bourg éloigné de quelques lieues, et célèbre par son hôpital. Edmond ignorait qu'il y eût là un hôpital; mais celui-ci se présenta à propos, et notre sage y entra.

Le chirurgien-major, voyant une maladie compliquée qui pouvait lui faire honneur, reçut le malade avec plaisir, lui donna tous ses soins, et le guérit rdicalement. Il ne lui en coûta que cinq ou six dents.

Edmond sortit de l'hôpital très-sain de corps, et très-malade d'esprit; il ne prévoyait qu'une continuité d'infortune dont la perspective l'accablait. Il faisait des réflexions amères sur l'insuffisance de la sagesse, et il gémissait sur les maux qui dévorent notre malheureuse espèce.

Edmond était vêtu proprement, et c'est tout ce qui lui restait de sa splendeur passée. Il vendit son habit, qui ne lui donnait pas à dîner, et il prit tristement le chemin de Paris. Arrivé dans cette ville, il se fit annoncer chez ses protecteurs. Mais il avait autrefois refusé leurs bons offices, et on l'avait oublié. Il était devenu pauvre, et il n'inspirait plus le moindre intérêt. On ne lui montra qu'une compassion froide et insultante, qui l'irrita tout-à-fait contre la sagesse, et il commença à maudire tout de bon la manie qu'il avait eue d'être sage.

La misère, le chagrin, l'inquiétude enflammèrent enfin le sang d'Edmond, et on le porta à l'hôtel-dieu avec une fièvre violente. On le coucha entre un goutteux et un hydropique. Le goutteux l'empêchait de dormir, l'hydropique l'infectait, et en deux jours il fut à toute extrémité. Une religieuse charitable, attentive aux progrès du mal, jugea qu'il était temps d'appeler un confesseur. Celui qu'on donna à Edmond était, à ses préjugés près, un homme assez raisonnable.

Il écouta patiemment notre philosophe, qui fut long, diffus, et se répéta souvent, comme font les malheureux; enfin, il lui dit : « L'homme » raisonnable ne cherche pas à détruire ses pas-» sions, mais à les régler. Sans elles, il n'est » point de bonheur. C'est un présent du ciel,

» qui peut devenir funeste ; mais l'homme sans
» passion serait réduit à la simple végétation,
» et méconnaîtrait le prix de son être. Mon ami,
» celui qui veut atteindre à la perfection, se
» croit égal à Dieu, et n'est qu'un fou. Elle n'est
» pas le partage de l'homme ; et les excès, dans
» la vertu comme dans le vice, mènent à l'in-
» fortune. Consolez-vous cependant : Dieu juge
» les hommes selon leur cœur, et il vous récom-
» pensera. Vous allez entrer dans sa gloire, et
» une félicité sans bornes et sans fin attend votre
» ame immortelle. — Hélas ! dit Edmond, je veux
» bien croire à mon ame immortelle ; je veux
» bien croire à la félicité des élus ; mais je n'en
» ai pas de certitude physique ; et je suis physi-
» quement sûr que j'ai été inutile à mes conci-
» toyens, que j'ai vécu sans femme, que mes
» amis m'ont ruiné, que j'ai été emprisonné, que
» j'ai eu la vérole, que tout le monde m'aban-
» donne, et que je vais mourir à l'hôtel-dieu
» pour avoir été trop sage ».

« Cet Edmond n'était qu'un sot, s'écria My-
» lord. Précisément, répondit le médecin. — Et
» quels rapports trouvez-vous entre moi et cette
» ridicule personnedge? — Deux chemins différens
» conduisent quelquefois au même but : Edmond
» est mort par amour de la sagesse, vous mour-
» rez par amour de l'Angleterre, et vous serez

»morts tous deux pour avoir tenu à vos opi-
»nions. Que diable voulez-vous donc que moi
»fasse, reprit Mylord ? Rester avec nous, repli-
»qua le docteur ; monter à cheval jusqu'à ce
»que vous puissiez courir à pied ; fumer beau-
»coup, boire peu, trouver bon qu'on vous
»fasse rire, jouir de vous-même, vous amuser
»de tout, et arriver le plus tard que vous pour-
»rez au terme où vous rendrez à la nature la
»portion de matière qu'elle vous a prêtée».

Mylord se tut, se mit dès le lendemain au régime qui lui était prescrit, et son médecin ne désespéra pas d'en faire enfin un Français.

CHAPITRE IX.

Je ne suis plus un enfant.

JE menais une vie douce et tranquille ; un mot, un regard de Miss me rappelaient à mon devoir quand la légéreté naturelle à mon âge m'en avait écarté. Son amitié me consolait des petits chagrins que me donnait quelquefois l'humeur brusque et inégale de son père, et le desir de leur plaire à tous deux me rendait le travail facile et agréable.

Mylord avait donné à sa fille des maîtres de musique et de dessin. Je n'assistais d'abord aux leçons que parce qu'elles me donnaient un prétexte de rester auprès de Juliette, de la voir et de lui parler. Mais ses progrès eurent bientôt piqué mon émulation. Je crus que je pourrais apprendre la musique et le dessin tout comme un autre, je me flattai que Miss me saurait gré de mes efforts. En conséquence, dès que j'étais seul je prenais les crayons, j'ouvrais le piano, j'exécutais ce que Miss avait fait à la leçon précédente ; je me rappelais assez exactement les préceptes des maîtres, lorsque je pouvais prendre sur moi d'oublier Miss pour les écouter, et mon infatigable assiduité et mes réflexions suppléaient à ce qui m'était échappé.

J'avais lu et relu le livre que Miss m'avait donné. Mademoiselle Fanchon n'avait plus rien à m'apprendre ; je sentais qu'il me fallait un autre maître ; je ne savais où le prendre, ni comment le payer : cela m'inquiétait ; mais j'étais exact auprès de Fanchon par habitude et par reconnaissance. Je lui lisais un jour quelques pages d'Hyppolite comte de Duglas, que lui avait prêté une cuisinière de ses amies. L'attention que je donnais à ma lecture m'absorbait tout entier. Mylord rentra avec sa fille, et leur voiture était arrêtée à la porte de l'hôtel sans que je l'eusse vue ni entendue. Fanchon me poussa ; je levai la tête, j'accourus ; Miss était descendue, cela me fit de la peine ; elle ne me regarda point, cela m'alla au cœur ; elle monta avec son père, je montai après eux. Miss entra dans sa chambre, j'y entrai après elle ; elle fit plusieurs tours, passait, repassait auprès de moi, se dérangeait pour m'éviter, agissait pour agir, paraissait tourmentée, et après quelques irrésolutions, elle se disposa à sortir. J'étais en face de la porte, elle me poussa de la main ; sa main trouva la mienne, et elle me regarda ; des larmes roulaient dans mes yeux, et elle s'arrêta. « Que faisiez-vous, me dit-

» elle, auprès de cette jeune fille ? — Je lisais.
» — Et pourquoi auprès d'elle ? — Elle a la bonté
» de me montrer. — Elle est bien, cette fille-là.
» — Je ne m'en suis pas apperçu. — Ce n'est pas
» là le maître qu'il vous faut ». Elle glissa un louis dans la poche de mon gilet, et rentra dans le salon.

Le lendemain de grand matin, j'achetai du papier et des plumes ; je parcourus les rues adjacentes, je découvris un maître, et je m'arrangeai avec lui. En revenant j'entrai chez une lingère, et je choisis un bonnet-rond orné d'une petite dentelle ; je le payai six francs, je l'offris à Fanchon, qui le reçut de bonne grace ; je la remerciai, et je ne lui parlai plus.

J'avais remarqué la boutique d'un libraire qui louait des livres au mois : je m'abonnai. Mon goût pour la lecture devint une passion à mesure que je lisais des choses qui parlaient à mon esprit et à mon cœur. J'étais sans guide dans le choix des ouvrages ; je n'en connaissais aucun, et je ne pouvais me décider sur le titre. J'ouvrais le livre par le milieu, j'en parcourais quelques pages ; mon oreille décidait du style, ma raison du sujet, et je me trompais rarement.

Au bout de quelques mois je connaissais les meilleurs auteurs, j'écrivais très-passablement, j'exécutais une sonate avec facilité, et je dessinais correctement une tête. Personne au monde ne soupçonnait ce que je savais faire. J'avais eu la force de cacher mes progrès à Miss, et je me préparais en secret au plaisir de la surprendre, en faisant éclater tous mes talens à la fois. Cependant je ne pus vaincre le desir de lui faire connaître que j'avais un maître, et que ce maître n'était plus mademoiselle Fanchon. Il me parut indispensable de lui faire voir mon écriture. Fanchon ne savait pas écrire, Miss ignorait cela; mai je le savais, et j'agis comme si Miss eut été à l'école de mademoiselle Fanchon. Deux ou trois fois je pris mon papier, et j'allais le lui présenter; mais il y avait des pages un peu négligées, des pâtés par-ci par-là, et son nom se trouvait à-peu-près par-tout. J'achetai une feuille de papier à lettre dorée sur tranche, je pris ma plume neuve, et j'écrivis au milieu de la feuille, et bien mieux que je n'avais fait jusqu'alors :

Voilà l'usage que je fais de vos bienfaits.

Je lus, je relus, j'examinai toutes les lettres les unes après les autres, et je prononçai que je pouvais avouer cela. J'entrai à la dérobée dans le cabinet de toilette, je plaçai mon papier devant la glace, et je me cachai dans une garderobe. C'était l'heure où Miss se coëffait; j'étais

sûr qu'elle ne tarderait pas, et je voulais voir quel effet produirait mon écriture. Miss entra, ainsi que je l'avais prévu; elle s'assit, et apperçut le papier; elle le prit, le regarda, le remit, le reprit encore, et dit : « C'est bien, c'est très-bien....
» Pauvre Happy !... un bon cœur, de l'esprit,
» une figure »,... Elle baissa la voix, et je n'entendis pas la fin. Elle ploya mon papier en quatre, tira son porte-feuille et le serra. Cela me fit un plaisir.... mais un plaisir ! Elle prit quelque chose dans sa poche, elle en fit un petit paquet, écrivit quelques mots sur le dessus, se coëffa, se leva, sortit de son cabinet, et moi de la garde-robe. J'approchai de la toilette; le petit paquet était à l'endroit même où j'avais placé mon papier; je le pris et je lus :

A celui qui sait employer son argent.

Je le mis dans mon sein et je courus dans ma chambre; je m'assis sur mon lit, et je tirai le petit paquet. Elle m'a répondu, m'écriai-je. elle a daigné me répondre ! Ouvrons. J'ouvris, je trouvai trois louis, et je soupirai; je repris l'enveloppe, je la portai sur mon cœur, je la collai sur mes lèvres, et je l'attachai au-dessus de mon chevet. Je la lirai, disais-je, en me couchant, en me levant, et elle me fera souvenir de bien faire.

Je descendis. Miss me regarda d'un air qui me fit croire qu'elle avait quelque chose à me dire : je me mis à la croisée. Elle fit un tour ou deux dans le salon, se mit à côté de moi et me dit bien bas : « Ma réponse est sur ma » toilette. — Je l'ai prise, lui répondis-je, et je vous » en remercie. — Par où avez-vous passé ? Je » ne suis pas sortie d'ici ». J'avouai la petite ruse que j'avais employée pour m'assurer qu'elle trouverait mon papier. Elle rougit.... « Happy, » me dit-elle, je vous défends d'être près de » moi sans que je le sache ». Son père toussa, et nous nous retournâmes.

L'anniversaire de la naissance de Mylord approchait ; j'avais célébré la précédente comme un polisson ; je me préparai à celle-ci comme un jeune homme qui cultive les arts. Après avoir cherché tous les moyens de faire quelque chose qui fût agréable à Mylord, avoir conçu vingt projets, y avoir ôté, ajouté, les avoir abandonnés, je jugeai que rien ne le flatterait autant que son portrait. Mylord avait des traits prononcés, le front droit, le sourcil épais, le nez retroussé, la bouche grande, et un double menton ; sa perruque coupée devait aider à la ressemblance : j'eus l'audace de croire la chose facile, et la présomption de l'entreprendre. Je commençai un profil au crayon ; je corrigeais, j'effaçais, je recommençais ; Mylord était présent à ma mémoire, je croyais le voir, et je ne faisais rien de bien. Cependant je ne me décourageai point, j'avais quinze jours devant moi ; je recommençai tant et tant, que je saisis enfin la ressemblance. Je calquai mon trait avant de commencer à ombrer, et bien m'en prit. Lorsque j'eus fini ma tête, elle ne ressemblait pas plus à Mylord qu'à moi. J'en ombrai une seconde, et j'y trouvai quelque chose. J'en fis une troisième, où j'attrapai l'œil et son pourtour ; dans la quatrième je saisis la bouche ; je pris un peu de l'une, un peu de l'autre, et je fus content de moi. J'entourai mon buste d'une guirlande de fleurs, et je mis dessous ces deux vers de ma composition :

Pour ce premier essai, ayez quelqu'indulgence ;
Mon crayon fut conduit par la reconnaissance.

L'idée me parut très-jolie, et les vers admirables, quoiqu'il y ait un *hyatus*, à ce que m'a appris depuis la poétique de Gaillard. Je ne me lassais pas d'admirer mon ouvrage ; la tête me paraissait parfaitement dessinée, le crayon moëlleux et bien fondu. Je fis mettre mon chef-d'œuvre dans une bordure dorée, sous un verre de Bohême, et je le cachai jusqu'au moment où il devait paraître aux yeux des convives émerveillés.

Le matin de ce grand jour, j'accrochai le portrait derrière un grand tableau qui décorait la salle à manger, et je m'occupai des objets relatifs à mes fonctions ordinaires. Mylord avait ordonné un repas somptueux, et il avait invité ses amis de l'Angleterre et son cher médecin. Miss avait engagé quelques dames qu'elle voyait habituellement. La société devait être nombreuse et cependant choisie, et on se promettait de s'amuser. A deux heures Miss parut au salon, parée de tout ce qui pouvait relever sa figure enchanteresse. Elle examina mes dispositions, les trouva pleines d'intelligence et de goût, et me dit qu'elle avait une confidence à me faire. Nous passâmes dans une autre pièce, où elle m'apprit qu'elle avait préparé une petite fête pour son père. « J'écris mal, dit-elle, mais
» je pense bien : papa laissera le style et saisira
» la pensée. Mes petits vers doivent être répé-
» tés par de jeunes personnes de la connaissance
» de nos dames ; elles n'arriveront qu'au dessert,
» c'est le moment de la poésie et du chant. Elles
» seront accompagnées de quelques jeunes gens
» qui auront des instrumens. On fera un petit con-
» cert, et la journée se terminera peut-être par
» quelques contredanses. Papa entre rarement
» ici : faites-y dresser une table, qu'elle soit
» chargée de fleurs, de fruits, de pâtisserie et de

» rafraîchissemens ; je veux régaler mes acteurs.
» Je compte sur vous, mon cher Happy ; de la
» promptitude, et sur-tout de la discrétion. Elle
» me donna sa bourse, et me laissa ».

En moins d'une heure, le limonnadier, le confiseur, le pâtissier et la fruitière, m'arrangèrent un ambigu charmant. Une heure après, j'avais des guirlandes de roses montées sur des cerceaux, et des corbeilles garnies pleines de fleurs de toute espèce. A quatre heures les convives arrivèrent, et après les premiers complimens on se mit à table. Miss faisait les honneurs avec cette grace aisée qui ne la quittait jamais. Mylord et ses amis d'Angleterre mangeaient ; le docteur et les dames soutenaient la conversation. J'étais vis-à-vis du tableau qui cachait le portrait de Mylord, je grillais de le faire paraître ; j'approchais, je m'éloignais, et je me serais trahi, s'il eût été possible qu'on eût quelques soupçons, ou qu'on me remarquât au milieu de dix à douze domestiques qui servaient avec moi.

Le second service était sur table ; je sentais que les acteurs de Miss ne tarderaient pas à venir : il fallait les aller recevoir, les ranger, les faire entrer ; je n'avais plus qu'un moment, et je me décidai. Je coupai le cordon qui attachait le grand tableau ; il tomba avec un fracas qui fit retourner toutes les têtes, et les dames et le docteur s'écrièrent à la fois : C'est Mylord, c'est lui, il est frappant. Le docteur se leva, prit le portrait, le présenta à Mylord, qui l'examina attentivement, et regarda sa fille. « Ce n'est » pas moi, papa, lui dit-elle; je l'avoue en rou- » gissant, cette idée ne m'est pas venue ». Le portrait passa de main en main, reçut des éloges à la ronde, et j'étais content.... oh, j'étais content!... Qu'on se mette à ma place. Le docteur jura à Miss que le portrait était d'elle, et elle lui soutint le contraire. Les dames la pressèrent d'en convenir, et elle se défendit avec vivacité. Elle reprit le portrait, l'examina de nouveau, et dit : « Ce ne peut être que mon maître. Pas » du tout, reprit Mylord, il y a des vers qu'une » maître de dessin il ne peut pas m'adresser. » Des vers ! des vers ! s'écria le docteur; voyons » les vers.... Ils sont dans un enfoncement om- » bragé par des fleurs.... — C'est de l'immortelle, » dit Miss. — Lisons les vers, continua le docteur ». Il fit au *essai ayez* une légère grimace qui échappa à tout le monde, hors à l'auteur, qui n'y comprit rien; et il finit par trouver les vers pleins d'ame et de délicatesse. Tous les yeux se reportèrent sur Miss. « Je n'aurais pas écrit » autre chose, dit-elle; mais encore une fois ce » n'est pas moi. C'est donc le diable, reprit My- » lord ». Un valet qui faisait l'entendu, s'approcha de l'oreille du docteur. Celui-ci se leva avec vivacité. « Mesdames, mesdames, s'écria-t-il, » Happy va nous mettre dans la confidence; c'est » lui qui a fait tomber le tableau qui masquait le » portrait. — Parlez, mon hami, me dit Mylord. » — C'est moi qui.... — Qui avez été chargé » de placer le portrait, reprit le docteur, mais » par qui? — C'est moi qui.... — C'ette moi qui, » poursuivit Mylord.... Finissons; qui a fait cette » diable de portrait? — C'est moi, Mylord.... » — Qui avez dessiné cette peinture? — Oui, » Mylord. — Ne mentez pas, me dit Miss avec » un regard sévère ». A ces mots j'éprouvai un mouvement de dépit, et je montai à ma chambre, d'où je descendis les bras chargés de mes dessins, depuis mon premier œil jusqu'aux esquisses du portrait de Mylord. Je déposai mes œuvres aux pieds de miss Juliette, et je lui dis à demi-voix : « Je ne vous dis pas tout, mais » je ne mens jamais. C'est lui, c'est lui, s'écria- » t-elle, d'un air que je ne lui avais jamais vu; » c'est lui.... et je l'accusais ».... Elle se tut et rougit. Ah, ah ! dit Mylord. C'est extraordinaire, dirent les dames. Mais, en vérité, ce n'est pas mal du tout, poursuivit le docteur : et on parla d'autre chose.

J'entendis plusieurs voitures qui arrêtaient à la porte : je sortis. C'étaient les acteurs de Miss qui s'étaient entassés dans des carrosses de place, et qui riaient aux éclats en se démêlant les uns d'avec les autres. Je tremblais que Mylord ne vînt à la croisée ; mais il n'était pas curieux, et quand il était à table, il ne se levait pas aisément. Je priai la joyeuse recrue de monter en silence et sur la pointe du pied. Je la fis entrer dans la salle où était dressé l'ambigu ; là, je déclarai que Miss m'avait nommé maître des cérémonies. Je distribuai les corbeilles de fleurs à six demoiselles très-jolies, mais qui ne valaient pas à elles six.... Je priai les jeunes gens de déposer leurs instrumens et de prendre les guirlandes ; j'engageai l'un d'eux à passer au piano quand il en serait temps, et je rentrai.

On servit le dessert : Miss me fit signe, et les portes s'ouvrirent. Cette brillante jeunesse défila au son d'une fanfare, et fit le tour de la table en marchant en mesure d'un air tragicomique. Les jeunes personnes présentèrent leurs corbeilles à Mylord, et l'embrassèrent. Les jeunes gens formèrent sur la table un berceau de leurs guirlandes, et pendant que le docteur admirait le choix et la fraicheur des fleurs, qu'il s'extasiait sur la douceur de leur parfum, on se disposa à commencer la pièce. Elle joignait au rare mérite d'être courte, le mérite plus rare encore d'être écrite avec délicatesse et sentiment. C'était une fille tendre qui tremblait pour les jours d'un bon père, qui le pressait de demeurer dans un bocage riant, où il n'avait rien à craindre de la méchanceté des hommes ni de la fureur des loups. C'étaient des bergers et des bergères qui lui promettaient de veiller sur lui, et d'embellir ses derniers jours. C'était enfin l'ouvrage de Juliette, dont l'ame, pure comme un beau jour, s'exhalait dans des vers qui n'étaient pas très-corrects, mais qui étaient vrais comme la nature. Mylord s'attendrit insensiblement; ses larmes coulèrent, et il ne pensa point à les cacher. Il cherchait sa fille, elle était près de lui, et elle tomba dans ses bras. Les actrices s'assirent auprès de leurs mamans ; les acteurs prirent des serviettes et servirent leurs bergères. Le marasquin arriva : il multiplia les saillies, il ajouta à la gaîté, et bientôt on ne s'entendit plus.

Voilà le moment, disaient au docteur deux femmes fort aimables qui étaient à ses côtés, voilà le moment, frappez le grand coup. Le docteur se leva, s'essuya la bouche, se la pinça, toussa, demanda un moment de silence, et parla.

« Avouez, Mylord que les plaisirs de l'Angleterre sont bien froids comparés à ceux-ci !

» Vous raisonnez à Londres, vous jouissez à Paris.

»Voyez cet aimable désordre, cette joie naïve
»qui brille dans tous les yeux, la tendresse de
»votre fille, l'empressement de vos amis; des-
»cendez dans votre cœur, soyez vrai, et con-
»venez que vous êtes heureux. Cette scène de
»bonheur peut se modifier de mille manières
»différentes, et se renouveller tous les jours. «Puis
s'essayant sur un ton plus grave, il ajouta :
«Votre santé est parfaite, votre embonpoint est
»réduit ; il y a trois mois, vous pouviez à peine
»vous tenir à cheval ; vous marchez facilement
»aujourd'hui, vous mangez avec appétit, vous
»riez quelquefois, et vous retourneriez à Londres !
»Non, Mylord, vous resterez ici : je vous l'or-
»donne au nom de la médecine, ces dames vous
»en prient au nom de l'amitié ».

Elles se levèrent à l'instant, s'approchèrent de Mylord, le cajolèrent, le caressèrent, le pressèrent ; Miss lui présenta une procuration qui autorisait son homme d'affaires à vendre tous ses biens. Mylord se fit un peu prier ; sa fille tomba à ses genoux, Mylord prit la plume et signa. Le docteur fit le paquet, le cacheta, et j'allai le charger à la poste.

Quand je rentrai, la table était levée; on s'était mêlé dans le salon, on ne respirait que le plaisir. Un couple causait dans un petit coin; un autre à la faveur d'un innocent duo, dévoilait le secret de son cœur; les uns dansaient, les autres riaient; Mylord écoutait, regardait, et trouvait tout bien.

Place, place, dit une des dames, en conduisant au piano une jeune demoiselle, qui s'en défendait pour la forme. Les jeunes gens courent dans la pièce voisine, prennent leurs instrumens; vingt pupitres sont dressés; on se range, on prête l'oreille, et le concert commence. Les jeunes personnes, fortes et faibles, reçurent le tribut d'éloges qu'on accorde plus souvent à l'usage qu'à la vérité. Enfin on pria Miss de se faire entendre à son tour. Elle éludait, elle n'était pas en train, elle avait chaud, &c. Sa résistance me piquait : elle était d'une force supérieure, et j'étais certain qu'elle éclipserait ses rivales. Mylord la prit à l'écart et lui dit : « J'ai fait ce que vous avez voulu, faites quel- » que chose pour moi. — Ces demoiselles sont » faibles, répondit-elle, je ne veux pas les hu- » milier ». Je l'entendis, et je l'admirai. Trente personnes joignirent leurs instances à celles de Mylord : il eût été ridicule de se défendre davantage; elle le sentit, et céda.

Elle toucha un concerto avec une précision, une netteté, une expression, qui enlevèrent les suffrages. Une jeune dame lui présenta ensuite une ouverture qu'elle tira de sa poche: « Elle ne

» connaît pas cela, dit-elle à un monsieur qui
» paraissait au mieux avec elle ». Miss joua le
morceau en badinant; elle fut applaudie à trois
reprises; la dame se mordit les lèvres, et Miss
lui rendit sa musique, en la remerciant d'une
prévoyance qui avait fait valoir son talent.

« Vous n'avez rien entendu, dit le galant doc-
» teur, nous avons une sonate à quatre mains !...
» je ne connais rien d'aussi varié, d'aussi piquant »,
et on pressa Miss d'ajouter à l'ivresse qu'on avait
éprouvée. « Madame, dit-elle à la femme à
» l'ouverture, vous jouez tout à la première vue,
» vous voudrez bien faire une partie ». La dame
balbutia, s'excusa, et refusa. Le docteur insis-
tait. Miss demanda un second, et personne ne
se présenta. « J'en suis fâchée, dit-elle en re-
» gardant la dame en question, le morceau est
» joli, et je le joue assez bien. — Je ferai la
» seconde partie, lui dis-je tout bas. — Vous,
» Happy! — Moi. — Cela ne se peut pas. — Je
» vous ai dit que je ne mens jamais. Venez, me
» dit-elle avec force; vous êtes étonnant en tout ».
Nous nous mîmes au piano; un léger murmure
se fit entendre. « Commençons, me dit Miss; du
» courage et de l'à-plomb ». Le cœur me battait
avec violence; je sentais mes doigts s'engourdir,
et je m'apperçus que Miss me couvrait dans certains passages. Le plus profond silence régnait

dans la salle, on semblait épier le moment de me prendre en défaut; j'en vins à une roulade extrêmement difficile, et je la passai avec le brillant et la rapidité de l'éclair. Toutes les mains partirent à la fois; des bravos multipliés me rassurèrent, et je me remis. « Changeons de par-» tie, me dit Miss quand nous fûmes au ron-» deau, tous les solos sont dans la mienne ».

Il n'est pas possible à un artiste de desirer un prix plus doux de ses travaux que celui que j'obtins dans cette délicieuse soirée. On oublia l'orphelin, l'infortuné, le domestique de Mylord; on ne vit que l'homme, et on me prodigua ces expressions flatteuses qui sont sans prix quand elles ont le caractère de la vérité. Miss ne me dit pas un mot, elle me serra la main; qu'eût elle dit qui valût cela?

Je me levai, et on m'entoura: je voulus sortir, et on me retint. Le docteur me parla chymie, et je lui dis que je n'étais pas médecin. Il me parla littérature; je répondis conséquemment. Il fit le grammairien; je lui prouvai que je l'étais. Le docteur ne concevait pas comment je savais tout cela. Je le conçois à merveille, lui répondait Miss. Tous les hommes m'interrogeaient à-la-fois; les femmes attendaient ma réponse, et souriaient avant que j'eusse répondu.

Mylord fendit la presse, et me prit gravement par la main. « Messieurs, dit-il, quand
»un homme dans mon pays il se distingue de
»la classe commune, nous oublions les torts
»de la fortune, ou si nous nous en souvenons,
»c'ette pour les réparer. Cette june homme, il
»a été mon domestique ; il sera désormais mon
»hami. Happy, embrassez-moi ». Je me jetai
à son cou, et des larmes abondantes furent ma
seule réponse. Tous ces messieurs m'embrassèrent à leur tour, et l'aimable docteur me présenta aux dames, qui se prêtèrent avec grace
à ce qu'elles appelaient ma réhabilitation. Miss
était la dernière ; je m'arrêtai devant elle : ses
yeux étaient baissés, un vif incarnat colorait ses
joues. J'éprouvais une émotion qui m'était inconnue ; un feu que je n'avais jamais senti passait de mon cœur dans mes veines, et circulait
avec mon sang. Miss et moi nous étions immobiles à deux pas l'un de l'autre. Mylord me
poussa par l'épaule, et m'ordonna de l'embrasser aussi : je touchai sa joue, et je tombai sur
le parquet.

Le docteur fit appeler un chirurgien, et
voulut qu'on m'ouvrît la veine. Miss l'assura que
mon incommodité ne venait que d'un excès de
joie, causée par le changement de ma condition. Le docteur avait prononcé, et ses juge-

mens étaient sans appel. Pour moi, je me sentais oppressé; je ne connaissais pas la cause de cette oppression, et je me laissai faire.

On exigea que je me misse au lit. Je n'en avais pas la moindre envie; et pour cette fois je ne fus pas du tout de l'avis du docteur. Il insista de manière, que je ne pouvais résister sans me rendre coupable de lèze-médecine : il fallut obéir.

Bientôt j'entendis danser, et je m'emportai intérieurement contre le trop prévoyant docteur, qui me privait d'une partie des agrémens de la soirée. J'aurais eu tant de plaisir à contempler Juliette! Je me la représentais rasant légèrement le parquet; je voyais ses mouvemens souples et moëlleux, sa physionomie animée et décente, lorsque ma porte s'ouvrit. C'était Juliette; elle s'était échappée un moment. Elle prit une chaise, s'assit près de mon lit, me demanda comment je me trouvais; et après un silence, elle me dit d'un ton pénétré: « Je vous ai fait de la peine, Happy : j'ai pu »vous croire capable d'un mensonge ! Papa »vous a bien vengé; mais ce n'est pas assez »pour moi. Happy, me pardonnez-vous » ? Elle s'était levée; sa main appuyée sur mon chevet soutenait son corps, qui était penché vers moi; sa bouche touchait presque à la mienne; je

respirais son haleine, et je me sentais brûler.
Je saisis sa main, et je la couvris de baisers.
Mon cœur, mon ame, tout mon être était sur
mes lèvres, s'épuisait sur cette main, et y reprenait une nouvelle vie..... « C'est trop, me dit
» Juliette d'une voix entrecoupée, c'est trop....
» L'expérience m'éclaire....... Happy, nous ne
» sommes plus des enfans ». Je ne voyais, je
n'entendais rien..... J'osai porter sa main sur
mon cœur..... Elle fit un effort, la dégagea,
et s'éloigna avec vivacité. Elle tenait la porte
entr'ouverte ; sa tête se tournait encore vers
moi, son œil humide se fixait sur le mien ;
elle ne pouvait l'en détacher. « Happy, me dit-
» elle enfin, je ne vous reproche rien ; mon im-
» prudence seule a tout fait. Souvenez-vous
» toute votre vie que vous avez oublié un mo-
» ment et mon père, et Juliette, et vous-même,
» et l'honneur ». Je joignis mes mains en suppliant ; j'allais m'accuser, demander grace ; elle
sortit sans vouloir m'entendre.

Je me calmai insensiblement : je réfléchis,
je m'interrogeai, je me trouvai coupable, et
je frémis. « Je vois clair dans mon cœur, m'é-
» criai-je ; j'adore Juliette, et ce fatal amour
» me livre à des maux qui ne doivent plus finir.
» Je suis aimé autant que j'aime, et c'est un
» malheur de plus. La naissance, la fortune, les

» préjugés, la raison même, tout sépare des
» êtres que tout devrait unir. Juliette...! Juliette!
» je m'immolerai à ton repos et à ton père; je
» te fuirai, tu m'oublieras, tu seras heureuse
» avec un autre : j'en mourrai ; mais j'aurai fait
» mon devoir ».

Je passai le reste de cette nuit cruelle à combattre mon amour, et à lui céder alternativement. Au point du jour, ma tête était vuide, mon corps fatigué, et je m'assoupis insensiblement.

CHAPITRE X.

Je vois le monde.

Je descendis chez Mylord, et je me présentai pour l'habiller selon ma coutume : il ne voulut pas le permettre : il m'avança un siége, et m'ordonna de m'asseoir ; il me dit qu'il était déterminé à se fixer en France ; que la conservation de sa santé, les instances de sa fille et de ses amis lui en faisaient une sorte de loi ; qu'il avait vu mourir à Londres son épouse et les hommes qu'il avait le plus aimés, et que tous les lieux lui devaient être indifférens ; que cependant il aimait passionnément sa patrie, et que les momens les plus agréables pour lui seraient ceux où je la lui rappellerais. Il ajouta obligeamment que j'apprenais ce que je voulais, et qu'il espérait que je me ferais l'effort d'apprendre l'anglais pour lui ; qu'il m'aimait, qu'il m'estimait, qu'il comptait que je m'attacherais invariablement à lui, et qu'il ne négligerait rien pour rendre mon sort agréable. Il finit en me donnant cinquante louis pour commencer ma garde-robe.

Rien n'humilie un bon cœur comme des bienfaits dont il ne se sent pas digne ; à chaque mot de Mylord je sentais le trait aigu du remords, et je serais tombé à ses pieds si j'avais été le seul coupable.

Juliette partageoit ce pénible état; elle avait perdu cette gaité franche et naïve, garant d'une ame pure; elle ne répondait aux caresses de son père qu'avec timidité et embarras; elle m'évitait autant que le permettait la décence, ne me parlait que lorsqu'elle y était contrainte par la nécessité, et fuyait dès qu'on la laissait seule avec moi: j'approuvais sa conduite, et elle me faisait une peine!.... Oh, les passions, les passions!...... Avec quelle adresse elles nous subjuguent, par quels sentiers fleuris elles nous égarent pas à pas, de quels charmes elles parent l'avenir, avec quelle fureur elles nous tourmentent, quand la raison a déchiré le voile de l'illusion!

Mylord n'avait pas de soupçons. Il nous trouvait changés; il attribuoit ce changement à la réserve qu'inspire un âge plus avancé; il en plaisantait quelquefois; nous rougissions, et Mylord ne s'en appercevait pas.

Il m'avait conduit aux bibliothèques, au jardin botanique; il m'avoit fait voir différentes galeries de tableaux. Il parlait peu, mais il jugeait bien, et il paraissait se complaire à me former le jugement. Il m'avait présenté chez tous ses amis;

des talens agréables, un physique avantageux me faisaient accueillir; ma modestie me faisait aimer. Je n'avais pas vu les spectacles; Mylord lia une partie d'opéra avec la comtesse d'Alleville, la femme de Paris qu'il voyait avec le plus de plaisir.

La comtesse avait été jolie, et s'était préparée de bonne heure à vieillir; elle avait connu les hommes, elle avait apprécié les erreurs de la jeunesse, et elle avait orné sa raison de tous les agrémens de l'esprit; elle jouissait à soixante ans des sacrifices qu'elle s'était faits à vingt-cinq. Les hommes mûrs la recherchaient, les jeunes gens l'écoutaient avec plaisir, les femmes l'aimaient depuis environ quinze ans.

Nous trouvâmes chez elle un conseiller au parlement qui avait un sens droit, de l'aisance dans les manières, qui ne parlait jamais procès, qui ne dédaignait pas l'épée, et qui eût aimé la comtesse si elle fût née vingt ans plus tard;

De jeunes personnes jouant l'ingénuité, ne répondant que oui et non, écoutant, entendant tout, et n'oubliant pas que l'innocence ne rougit jamais;

Un jeune officier aux gardes, étourdi, présomptueux, portant parfaitement l'uniforme, ignorant comme un chevalier français, parlant de tout avec l'assurance d'un homme instruit, persifflant le clergé, méprisant la robe et ne daignant pas parler du tiers-état, courant les femmes qu'il croyait aimer, et leur persuadant qu'il leur faisait beaucoup d'honneur en les déshonorant ;

Un prélat qui ne connaissait pas son diocèse; qui n'avait jamais lu ses mandemens, et qui partageait le patrimoine de S. Pierre avec des filles d'opéra ;

Une marquise nouvellement mariée, vive, piquante, *adorant* son mari, le cherchant sans cesse des yeux, l'appelant et le becquotant en appuyant tendrement son pied sur celui de l'officier aux gardes ;

Un jeune homme de vingt ans, beau comme Adonis, timide comme un homme de mérite, réservé auprès du sexe, très-disposé à aimer, et ayant encore son cœur pour n'avoir su à qui le donner.

C'est au milieu de cette société que Juliette parut avec des avantages qui devaient attirer tous les yeux et fixer tous les cœurs. Un sourcil parfaitement dessiné couronnait un œil noir, qui n'était pas voluptueux encore, mais qui déjà faisait naître le desir; une bouche de rose qui ne s'ouvrait que pour s'embellir; un teint d'une blancheur éblouissante; la gorge, la taille, et l'abandon des graces; de l'esprit sans prétention, des connaissances sans pédanterie, un cœur.... oh, un cœur....! Si on l'eût connu comme moi, elle eût été trop dangereuse.

L'officier aux gardes l'aborda familièrement, joua avec son jabot et le pommeau de son épée, se caressa le menton, lui dit des choses *délicieuses* auxquelles elle ne fit pas d'attention.

Le conseiller la salua respectueusement : cette marque de considération parut la flatter.

Le prélat la regarda, voulut lui parler, et se tut aux premiers mots qu'elle lui répondit. Il n'était à son aise qu'avec des femmes d'un certain genre.

Le jeune homme fit deux ou trois tours dans le salon, s'assit près de deux ou trois femmes, leur dit je ne sais quoi, se leva sans attendre leur réponse, et se trouva à côté de Juliette comme par hazard. Je m'étais apperçu qu'il ne cherchait qu'elle, et qu'il avait pris un détour pour qu'on ne soupçonnât point son but; il lui parla de ce ton qui annonce l'estime; son accent avait cette douce chaleur qu'inspire un intérêt pressant; elle lui répondit avec une politesse froide qui le déconcerta. Il ne parla plus, mais il la regardait; il se trouvait bien auprès d'elle, et il y resta. Je ne sais pourquoi ce jeune homme me déplut au premier coup-d'œil; je ne sais si Juliette le sentit; mais elle se leva après quelques minutes, fut se placer à côté de madame d'Alleville, s'entretint quelque temps avec elle, et me dit en s'asséyant près de moi : « Cette femme est étonnante ; elle embellit jusqu'à la vieillesse. Heureuses ceux qui la prendront pour modèle et qui lui ressembleront un jour »!

La conversation devint générale : on parla beaucoup, et on dit très-peu de choses ; c'étaient de jolis riens débités avec légéreté, des tours de phrase agréables et frais ; c'était la piquante équivoque que couvrait encore un coin du voile de la pudeur. On singeait la raison, on jouait le sentiment, on courait après la pensée, on applaudissait à des choses qu'on n'avait pas entendues, on était content de soi, on paraissait l'être des autres : c'était charmant.

Le conseiller tâchait de donner à la conversation quelque apparence de bon sens ; on ne l'écoutait pas.

Le prélat s'exprimait avec une feinte modestie qui n'en imposait à personne.

La marquise déraisonnait à perdre haleine ; et quand elle avait dit une sottise, elle embrassait son mari en riant aux éclats.

L'officier lui jurait qu'elle était adorable, d'un air qui eût révolté une femme décente. Le mari riait de la présomption de l'officier ; celui ci se moquait de la bonhomie du mari, et la marquise se moquait peut-être de tous les deux.

Juliette souffrait de ces ridicules; elle me dit: « Je n'aime pas les femmes trop caressantes; l'é- »pouse honnête et sensible répond aux caresses »de son époux. Celle qui le prévient avec affec- »tation, craint qu'il ne soupçonne qu'il est »trompé, ou qu'il va l'être ».

Le jeune homme la devina, et parut s'estimer davantage pour l'avoir devinée.

Mylord avait trouvé une traduction de Locke, et ne prenait pas garde à ce qui se passait autour de lui.

Pour moi, je ne me plaignais que de l'assiduité fatigante du jeune homme, qui, à force de tourner, était revenu à côté de Juliette.

L'officier, après avoir épuisé tous les lieux communs que lui fournit sa mémoire, crut qu'il convenait à un homme comme lui de se faire exclusivement écouter. Il perdit de réputation quelques femmes dont il prétendait faire l'éloge; il en calomnia d'autres qui l'avaient apprécié à sa juste valeur. La marquise lui dit en ricanant, qu'il était un méchant. Juliette le regarda d'un air de pitié. Le conseiller fut sur le point de lever les épaules, et la comtesse observa qu'on dit toujours des femmes trop de bien ou trop de mal; que la plus estimable est en effet celle dont on parle le moins;

que la femme du jour est rarement la femme du lendemain, et que le plus grand tort que certains hommes puissent faire au sexe, c'est d'en parler de quelque manière que ce soit.

L'intarissable officier laissa les femmes, et se jeta à corps perdu dans la métaphysique. Il demanda à l'abbé s'il croyait en Dieu. L'abbé répondit, en s'inclinant, qu'il ne parlait jamais religion. Le conseiller demanda à son tour à l'officier s'il croyait au soleil : « Parbleu, je le » sens, répondit celui-ci. — Est-il si difficile, » reprit le conseiller, de remonter de l'effet à » la cause ? — Je ne connais ni les effets, ni les » causes, continua l'officier ; mais je sais que » les religions sont inutiles, et qu'on devrait » s'en passer. Nos officiers de fortune prendraient » leurs invalides chez les bénédictins, qu'ils » mettraient à la porte ; nos officiers-généraux » seraient abbés commendataires, et on réser- » verait les évêchés pour messieurs du régiment » des gardes : on menerait au moins une vie » agréable, et on s'inquiéterait peu de l'autre, » qui, dans le fait, est très-apocryphe, et n'a » rien qui puisse tenter un galant homme ; aussi » je n'y crois point du tout : et il serait à desirer » que tout le monde pensât comme moi, les » choses en iraient bien mieux.

» Vous croyez donc, reprit le conseiller, en

» s'échauffant un peu, vous croyez donc mourir
» tout entier? — Parbleu, je n'en doute pas,
» repliqua l'officier. — Où sont vos moyens de
» conviction, continua son adversaire? — Con-
» viction? Qu'est-ce que cela, répartit l'officier?

» Vous croyez donc, reprit à son tour la com-
» tesse, qu'une société d'athées pourrait exister?
» — Certainement, madame. — Alors il n'y au-
» rait plus de vertu. — Ni de préjugés.
» Vous allez un peu loin, madame la com-
» tesse, dit le conseiller. Il est en effet impos-
» sible qu'une société d'athées se forme jamais,
» parce qu'un athée est un être pensant, et que
» la multitude ne pense point ; mais si un peuple
» adoptait ce système, il pourrait exister et pros-
» pérer indépendamment de ses opinions. Des
» lois sages, administrées avec fermeté, sont le
» seul frein de la méchanceté humaine. Les lois
» divines menacent sans cesse, ne frappent ja-
» mais, et la crainte du supplice présent est
» plus puissante que celle d'un supplice éloigné,
» dont on n'a point d'idée précise. D'ailleurs,
» Dieu pardonne au coupable ; on sait cela, et
» on y compte. Le parlement ne pardonne point,
» et on ne s'y joue pas ; et puis l'athéisme sup-
» pose une éducation soignée, des connaissances,
» fruit de longues réflexions ; et l'homme qui
» médite est rarement un scélérat. Le véritable

»athée, s'il en est, ne compte que sur sa vie
»présente, et il ne s'occupe qu'à jouir; et
»quelles peuvent être ses jouissances? les cher-
»chera-t-il dans la débauche, qui le conduirait à
»l'infamie? dans le crime, dont la punition
»abrégerait des jours au-delà desquels il ne voit
»et n'attend rien? Il cultivera la vertu, parce
»qu'elle porte avec elle sa récompense. Il ai-
»mera ses semblables, pour en être aimé à son
»tour. Il soulagera l'humanité souffrante, pour
»obtenir des droits à la reconnaissance. Il sera
»bon époux, parce qu'une épouse chérie ver-
»sera des fleurs à pleines mains sur les amer-
»tumes de sa vie. Il sera bon père, pour trouver
»un bon fils, bon citoyen, pour acquérir de la
»considération. L'affection et l'estime de ceux
»qui l'entourent rempliront son cœur, et le ren-
»dront fier de lui-même, en le rendant heu-
»reux par les seuls moyens qu'il tient de la
»nature. Il sera à plaindre, sans doute, au mo-
»ment où tout devra finir pour lui. Il s'éteindra,
»sans espoir de renaître; son cœur se séchera
»à l'idée du néant absolu; mais aura-t-il été un
»fardeau inutile à la terre, et un fléau pour la
»société?»

»Je n'entreprendrai pas de vous répondre,
»dit la comtesse; de tels objets sont au-dessus
»de ma portée, je vous l'avoue avec humilité.

» Vous remarquerez seulement qu'il est une mul-
» titude de cas imprévus par ces lois humaines,
» dont vous vantez la puissance, une foule de
» délits obscurs qu'elles ne peuvent atteindre,
» et dont la multiplicité détruirait bientôt chez
» un peuple toute espèce de moralité. — Ces
» délits obscurs, reprit le conseiller, ne seront
» jamais commis par un véritable athée ; il ne
» s'enivrera point, de peur d'altérer sa santé ;
» il ne jouera point, de peur de perdre sa for-
» tune ; il ne manquera point à sa parole, de
» peur qu'on ne viole celle qu'on lui aura don-
» née ; il ne séduira point la femme de son
» voisin, de peur qu'on ne débauche la sienne.

» Et s'il n'aime point sa femme, continua l'offi-
» cier, il couchera donc avec sa voisine ? — Cela
» se peut, monsieur ; il est même possible qu'il
» assassine le voisin l'épée à la main, ou autre-
» ment ; mais alors on le rompra comme on
» rompt un déiste, et tout sera dit.

» Laissons cela, poursuivit la comtesse. J'aime
» à croire que le bien que j'ai fait n'entrera
» pas avec moi dans ma tombe. J'aime à revivre
» dans un monde inconnu sans doute, mais dont
» l'intime conviction me fait supporter celui-ci.
» Si c'est une erreur, elle me soutient, elle
» me console ; il serait cruel de me la ravir.

» Mesdames, mesdames, s'écria l'officier, nous

» oublions l'Opéra. — Il est six heures et demie,
» continua la marquise. Legros aura chanté son
» ariette; cela est désespérant. Qu'on fasse avan-
» cer ma voiture. — Ma voiture, dirent l'officier
» et le prélat ».

Mylord donna la main à madame d'Alleville.
Je m'avançai pour offrir la mienne à Juliette; le
tourmentant jeune homme me prévint. Juliette
ne pouvait le refuser; elle laissa prendre sa
main, me regarda, et je l'entendis.

Mylord occupait le fond de sa voiture avec
sa fille, le jeune homme prit une place de devant, le conseiller avait accepté la quatrième
que Mylord lui avait offerte. Ce contre-temps
m'affecta, et je montai dans le carrosse de madame d'Alleville. Je ne pus résister à l'envie de
connaître ce fâcheux jeune homme, que je
trouvais sans cesse dans mon chemin. Je demandai qui il était. « C'est monsieur Abell, me ré-
» pondit la comtesse, le fils du secrétaire d'am-
» bassade de Sa Majesté Britannique, jeune
» homme bien né, et qui joint à un rare mérite
» une fortune considérable : vous serez bien aise
» de le connaître ». Cette connaissance ne me
flattait pas du tout, et je sentis que monsieur
Abell ne serait jamais mon ami.

Nous arrivâmes à l'Opéra. Chacun s'arrangea
selon son goût et son intérêt particulier. Je mis

la comtesse dans sa loge, et j'entrai dans celle de Juliette. Elle n'était que de quatre places. Mylord n'aimait pas à être enfermé; il s'était mis dans le fond, et l'opiniâtre monsieur Abell était à côté de Miss. Il avait vaincu sa timidité; il parlait facilement; il parlait avec véhémence, et je n'entendais pas. Juliette était attentive, elle répondait avec circonspection; mais ses manières étaient affectueuses. Je souffrais beaucoup; ma tête se montait; une fureur concentrée s'emparait de mon cœur, et le poignait. Juliette s'approcha de l'oreille d'Abell et lui dit quelques mots. Il ne répondit pas; il lui sourit avec une expression... Oh! que ce sourire me fit de mal! Vingt fois je fus prêt d'éclater; vingt fois j'invoquai la raison, et la cruelle ne me montra qu'un avenir affreux; des mouvemens convulsifs agitaient tous mes membres; Juliette me regarda; il était temps. « Vous êtes un enfant, »me dit-elle tout bas. — Je me sens mourir, lui »répondis-je. — Que dit Monsieur, reprit Abell? »— Il ne voit pas, continua Juliette, et il est »dur de ne pas voir à l'Opéra. Faisons-lui un peu »de place ». Elle me prit la main, et m'attira sur le devant. « Que vous me connaissez mal, me »dit-elle! — Je ne serais pas jaloux de l'officier »aux gardes. — Vous ne devez l'être de per»sonne ». Ce mot me fit un bien! Il soulagea

mon cœur; il rafraîchit mon sang ; il me redonna la vie; je me serrais contre Juliette ; je la touchais.... C'était elle ; je l'avais perdue ; je la retrouvais..... J'étais heureux...... Oh ! j'étais heureux !.... « Remerciez Monsieur, me dit-elle tout
» haut. — Eh de quoi ? lui répondis-je. — De
» l'opinion avantageuse qu'il a conçue de vous. Il
» m'a parlé d'abord de mon père et de moi. Il a
» daigné me dire de ces choses flatteuses, qu'on
» ne croit pas quand on se rend justice, ajouta-
» t-elle en souriant, mais qu'on entend avec plai-
» sir. Enfin, on a parlé de vous ; Monsieur se
» connaît en hommes, et je l'en estime davan-
» tage. Cependant j'ai cru devoir ménager votre
» modestie, et je l'ai prié bien bas de ne pas vous
» laisser entendre tout le bien que nous disions de
» vous ». Monsieur Abell me présenta la main ; j'avançai la mienne ; je le saluai; il écouta les acteurs, et je dis à Juliette : « Vous ne me de-
» viez pas d'explication. — Je la devrais à ma dé-
» licatesse. — Combien je suis confus ! Que de
» torts j'ai envers vous! Juliette ! Juliette ! —
» Possédez-vous, jeune homme, ou vous nous
» perdrez tous deux ». Mes yeux se portèrent enfin dans l'intérieur de la salle. Une assemblée nombreuse et brillante, une salle richement décorée, une musique enchanteresse captivèrent un instant mon attention. Je me lassai bien-

tôt de voir des spectateurs glacés, d'admirer une construction mesquine, qui ne pouvait plaire qu'au premier coup-d'œil, d'entendre une continuité de sons fatigans pour l'oreille. J'examinai la scène, et tout m'y parut faux. L'acte finit; Juliette et monsieur Abell me demandèrent ce qui m'avait flatté. « Rien, leur répondis-je : j'ai
» vu des décorations très-bien peintes, et qui
» donneraient une idée de la nature sans la conti-
» nuelle mobilité des chassis, et si on n'apperce-
» vait pas les lumières à travers des masses de co-
» lonnes, ou un fond de forêt. J'ai vu des chan-
» gemens qui ne prouvent que l'adresse du ma-
» chiniste, et qui nuisent à l'illusion. J'ai vu un
» char volant, qui eût trompé mes yeux, s'ils
» n'eussent trouvé les cordes qui le faisaient mou-
» voir. J'ai vu une mer de gaze d'argent, roulée
» sur des cylindres, et j'ai deviné la mécanique
» en voyant dans la coulisse l'homme qui faisait
» jouer la manivelle. J'ai vu des Grecs habillés en
» velours et en satin, des casques de la compo-
» sition du cartonnier, qui ne sont ni Grecs ni
» Romains, ni Persans, ni Gaulois. J'ai vu une
» princesse en boucles collées et en chignon, chan-
» ter la pudeur, en invitant d'un œil lascif les
» amateurs à venir souper chez elle. J'ai vu un
» héros chanter son amour, chanter son bonheur,
» chanter la trahison de sa belle, chanter son dé-

» sespoir. Nous allons le voir sans doute chanter
» sa mort, les champs-élysées, et la métempsy-
» cose. J'ai vu des choristes compatir aux dou-
» leurs de leur maitresse, en tenant toutes leurs
» mantes de la main gauche, en battant toutes
» la mesure de la main droite, et en souriant au
» cintre à des amans qu'elles n'avaient pu placer
» dans la salle. J'ai vu des gardes du roi d'Epire
» en guêtres noires et en bottes à l'anglaise. Je
» vois des spectateurs qui s'efforcent de trouver
» tout cela charmant, qui bâillent sans s'en ap-
» percevoir, et je bâillerais aussi, si je n'étais
» avec vous. Si du moins j'avais entendu un vers
» sur dix, j'aurais suivi l'action, j'aurais une idée
» du mérite du poète. Comment travaille-t-on
» pour ce théâtre? —Vous ne savez donc pas,
» me dit monsieur Abell, qu'on est convenu de
» s'ennuyer à l'Opéra, et qu'on ne vient ici que
» pour les ballets?— Allons, dis-je, attendons le
» ballet». Le ballet commença; l'incroyable agi-
lité des danseurs, la grace de leurs mouvemens,
l'expression de leur physionomie me séduisirent
complètement, et forcèrent mon admiration.
Bientôt cette admiration se ralentit : bientôt je
ne vis plus que des gambades et des mines qui
me fatiguèrent par leur uniformité. « Ce specta-
» cle est ennuyeux, dis-je à Juliette. L'esprit n'y
» trouve pas d'aliment, le cœur n'y est point

» ému, on n'y parle qu'aux yeux. — Voyez ce-
» pendant comme tout est plein, dit monsieur
» Abell. — Qu'est-ce que cela prouve, repliquai-
» je ? Tant pis pour qui n'a que des yeux ». Le
lendemain nous fûmes à la Comédie française.
On avait affiché l'Iphigénie de Racine. Je l'avais
lue avec une ivresse !.... Je me faisais une fête de
la voir représenter !..... Je ne fus pas trompé.
C'étaient Lekain, Brisard, Dumesnil et Clairon.
Que's vers ! quelle connaissance du cœur humain ! mais aussi quel à-plomb ! quelle intelligence ! quelle force ! quelle vérité ! Je ne m'oc-
cupais ni de la salle, ni des spectateurs, ni des
décorations. Je n'étais plus à la Comédie française ; ces gens-là m'avaient transporté en Au-
lide. Beaux jours de la tragédie, êtes-vous perdus sans retour ? Un seul homme me les rappelle
encore quelquefois. On le hait, on le critique,
on est forcé de l'applaudir. Remplis ta carrière,
Talma. L'envie veut arrêter le char du génie ;
elle tombera sous la roue.

J'admirai dans la seconde pièce Préville, Molé,
Dangeville et Monvel, qui se plaçait en débu-
tant à côté de ses rivaux.

Je fus à la Comédie italienne, et je ne vis que
Caillot. Retournons aux Français, dis-je à Juliette. Ce n'est que là qu'on peut jouir.

CHAPITRE XI.

Grands événemens.

Mylord reçut ses fonds d'Angleterre en lettres-de-change sur les meilleurs banquiers de Paris, et on s'occupa sérieusement des moyens de les placer avec avantage. Le Docteur se chargea de visiter les environs de la capitale, et de choisir une terre dont l'air salubre et les sites pittoresques pussent convenir au goût et à la santé de Mylord. Il fut décidé qu'il y aurait un jardin anglais, qui réunirait les bois, les fleurs, les boulingrins, les cascades, les rochers, le pont cassé, la chaumière et la laiterie : ce devait être un abrégé de la nature. S'il y manquait quelque chose, ou si rien de tout cela ne se trouvait dans une terre convenable d'ailleurs, Mylord se proposait de faire travailler sous ses yeux, et d'imiter parfaitement ses jardins du duché de Northumberland, au moyen de quoi il serait en Angleterre et en France tout-à-la-fois. Le conseiller prévint Mylord de la nécessité d'obtenir des lettres de naturalisation pour garantir sa fille des petits inconvéniens du droit d'aubaine, que le brigandage imagina autrefois, et que les souverains maintiendront tant qu'ils pourront, parce qu'ils y trouvent leur compte. Mylord pria le conseiller de faire les démarches nécessaires ; le conseiller promit d'agir, et moi je fus chargé de lire régulièrement les Petites-Affiches, et de prendre une note exacte des immeubles à vendre, parce qu'on se proposait de placer en fonds de terres labourables à-peu-près un million et demi, dont le produit servirait à l'entretien du jardin anglais, du château, de la table, de la garde-robe et de l'équipage de Mylord. Le surplus devait être mangé par sa fille, leurs amis communs, et le mérite indigent. Ces dispositions générales bien arrêtées, chacun s'occupa, en ce qui le concernait, de leur exécution.

Mylord allait fréquemment chez madame d'Alleville, qui aimait son caractère franc et loyal, quoiqu'un peu brusque. Elle le recevait avec plaisir ; elle le distinguait de ces liaisons superficielles, et quelquefois incommodes, qu'on ne peut cependant éviter dans un certain monde ; mais elle sortait peu, et ne venait à l'hôtel que les grands jours, tels que ceux où on célébrait la naissance de Mylord, de sa fille, ou du roi d'Angleterre, dont la naissance ou la mort doivent être à-peu-près égales à ses sujets, auxquels il n'a jamais fait ni bien ni mal. Un matin elle descendit de son vis-à-vis d'un air discret et important, et elle entra dans le cabinet de Mylord, où elle s'enferma avec lui pendant deux grandes heures. Le lendemain elle présenta messieurs Abell père et fils ; le surlendemain elle s'arrêta encore à l'hôtel ; elle avait eu des emplettes à faire ; elle avait pris avec elle monsieur Abell fils, dont elle connaissait le bon goût ; ils venaient de courir tout Paris ensemble ; ils avaient mis à contribution tous les marchands de la rue Saint-Honoré : enfin, ils se trouvaient dans le quartier de Mylord, et venaient sans façon lui demander à dîner. Pendant ces premiers détails, que je commençais à ne pas trouver plaisans, deux laquais emplissaient l'anti-chambre de bagatelles, de bijoux, et d'étoffes que madame d'Alleville voulait absolument faire admirer à Juliette, qui n'y trouvait rien d'admirable, et qui répondit aux marques d'amitié que lui prodiguait madame d'Alleville avec une froideur qui m'étonna, d'après l'opinion que Juliette avait conçue de cette dame. La comtesse, que rien ne rebutait quand elle avait entrepris ce qu'elle croyait être une action louable, continuait de nous montrer ses emplettes pièce à pièce, et soutenait seule la conversation. Une répétition, enrichie de brillans, avait fixé un moment l'attention de Juliette ; la comtesse la

présenta à Mylord, et lui dit : « Elle aimera
» mieux la tenir de votre main que de la mienne ».
Mylord, sans réflexions sur la richesse du cadeau, sans se défendre de le recevoir, sans faire au moins les remercîmens d'usage, prit le bijou, et le plaça au côté de sa fille, qui demeura immobile d'étonnement et d'effroi. Mylord lui présenta la main, la conduisit à son cabinet ; madame d'Alleville et monsieur Abell les suivirent ; je demeurai seul ; je sentis que son mariage était décidé, et que tout était fini pour moi. Ma tête se troubla tout-à-coup ; un voile épais s'étendit sur ma vue ; un amour indomptable, une jalousie effrénée, l'honneur dont j'étais l'esclave me tourmentaient, me déchiraient tour-à-tour. Je fis d'incroyables efforts pour me rappeler à ma bassesse, au dévouement absolu que je devais à Juliette et à son père ; l'amour, l'impitoyable amour l'emportait sur la délicatesse, sur la reconnaissance ; la vertu n'était plus écoutée ; elle s'éteignait dans le fond de mon cœur. Mon corps trop faible ne put soutenir ce terrible combat ; je succombai, et pendant quelques momens, je cessai de souffrir. Je revins à moi ; j'étais seul encore ; je me levai avec peine ; j'étais faible, sans idées suivies, incapable de prendre un parti. Je descendis ; je rencontrai le domestique de Mylord, qui me demanda ce que

j'avais. — « Rien, lui répondis-je..... la fièvre, je
» crois..... Une migraine..... je ne dîne pas à l'hô-
» tel. Mylord a des affaires sérieuses, je le gêne-
» rais peut-être..... Je vais chez un ami. — Vou-
» lez-vous que je fasse mettre les chevaux ? Vous
» n'êtes pas en état de marcher. — Je vous re-
» mercie ; je sortirai à pied. Ne dites rien à My-
» lord de mon indisposition ; mais prévenez-le
» que je ne rentrerai que ce soir ». Je marchai
au hasard, accablé, anéanti. Vingt fois je fus
prêt à tomber sous les roues des voitures qui me
touchaient, et que je ne voyais pas. Je ne me
rappelle point par quelles rues je passai ; mais
je marchai long-temps, et au déclin du jour je
me trouvai sur le pont-royal. On venait de retirer de l'eau un malheureux qui y avait perdu la
vie. Ses membres étaient roides, sa figure livide ;
ses cheveux, ses vêtemens étaient couverts de
fange ; les passans, dégoûtés de ce hideux tableau, s'éloignaient rapidement. Je restai ; je re-
pus mes yeux de ce spectacle de mort et de pu-
tréfaction ; je riais du rire affreux du délire et
du désespoir ; j'enviai le sort de cet infortuné,
et je m'appuyai sur le parapet. L'onde était
transparente ; son cours était doux et tranquille ;
la lune commençait à en blanchir la surface ; un
vent frais agitait les feuilles des marronniers ; le
pêcheur, les mariniers jouissaient d'un beau soir

près de leurs épouses caressantes; tout me peignait le calme et le bonheur, tout m'invitait à vivre; mais l'enfer était dans mon cœur, et je voulais mourir. Ma main gauche, passée sous ma chemise, froissait et meurtrissait mon sein; ma main droite était fixée sur le parapet; mon corps s'avançait, mon œil égaré mesurait la hauteur du pont et la profondeur de l'eau; ma bouche desséchée s'ouvrait avec avidité, impatiente de boire le trépas; j'allais m'élancer.... On m'arrête par mon habit, on m'entraîne, on m'arrache à la mort; mais on me rend au malheur. C'était une pauvre femme qui m'avait observé, et à qui mes gestes et des mots entrecoupés avaient fait soupçonner quelque dessein sinistre. Elle me fit entrer dans un petit cabaret, et m'invita à manger. Je n'avais rien pris de la journée, et je me sentais défaillir. Je cédai à ses instances, et je me trouvai mieux. Ma tête se remit, je retrouvai des idées; la bonne femme me parlait, je répondais, et quand elle me vit un peu tranquille, elle me reprocha dans son langage simple et naïf d'avoir voulu attenter sur moi-même. Elle parlait mal; mais ses principes étaient vrais, et je fus frappé de la solidité de ses raisonnemens. Je l'écoutai avec docilité; je me repentis; deux ruisseaux de larmes s'ouvrirent, et me soulagèrent beaucoup. La bonne femme pleura avec moi, me consola, et me conduisit chez elle.

Mon funeste secret n'était jamais sorti de mon sein : je ne pus le renfermer plus long-temps. Je nommai Juliette, je peignis en traits de feu ses charmes, ses vertus et mon amour. Je ne me lassais pas de parler de Juliette; je répétais les mêmes choses, et je croyais les dire pour la première fois. La bonne femme m'écoutait avec complaisance, me redisait ce que je venais de lui dire, et je l'écoutais à mon tour. Minuit sonna. « Retournez chez vous, me dit-elle, allez » revoir Juliette, que vous vouliez ne revoir ja- » mais. Ce mariage n'est pas fait, peut-être ne » se fera-t-il point. Juliette aura résisté, son père » l'aime; qui sait ce que le ciel vous réserve »?

Le cœur humain réunit toutes les passions et tous les extrêmes. Je me jetai au cou de la bonne femme, je l'embrassai avec transport, je l'appelai ma mère, et je la forçai à prendre deux louis : c'était tout ce que j'avais au monde.

Je sortis de ce réduit, et je me trouvai dans la rue des Fossés-saint-Victor. J'avais une grande lieue à faire, et je marchai très-vîte. La rapidité de ma marche, la fraîcheur de la nuit, et sur-tout les dernières paroles de la bonne femme, me calmèrent peu à peu, et j'étais assez bien en rentrant à l'hôtel. Le domestique de Mylord me dit que son maître m'avait attendu très-tard, qu'il avait paru très-agité, qu'enfin il s'était couché, et me priait de descendre chez lui de bonne heure. Je n'osai demander des nouvelles de Juliette, et je me renfermai dans ma chambre.

Vers les sept heures, j'entrai chez Mylord. Il était levé, et marchait à grands pas. Il vint au-devant de moi, et me dit en anglais, que mon absence lui avait paru extraordinaire; que je devais savoir qu'il n'avait rien de caché pour moi; que je ne lui serais jamais importun, et que jamais ma présence ne lui eût été aussi utile. « Mon ami, ajouta-t-il, je vieillis, et ma fille a
» près de seize ans. Elle a toutes les qualités qui
» peuvent assurer le bonheur d'un honnête hom-
» me, et j'ai cru faire le sien en accordant sa main
» à M. Abell; qui l'aime tendrement, et qui lui
» convient sous tous les rapports. Il est jeune,
» beau, bien fait, riche, et ses mœurs sont irré-
» prochables. Il est Anglais; il consent à demeu-
» rer avec moi; il me promet de me fermer les
» yeux. Je n'ai qu'un enfant, j'en allais avoir deux;
» je me livrais à la douce idée d'augmenter ma
» famille, et de me voir renaître avant ma mort.
» Juliette trompe de si chères espérances; elle se
» refuse à mes vues. Elle allègue sa grande jeu-
» nesse, son attachement pour moi, et d'autres
» raisons aussi légères qui ne m'en imposent point.

M

« Si Juliette n'aimait personne, elle aimerait
» M. Abell : il n'est point de femme qui ne fût
» vaine de sa recherche ; il n'en est pas qui puisse
» raisonnablement lui refuser du retour. Cepen-
» dant, mon ami, si Juliette aime, elle a donc
» fait un choix que je ne puis approuver, puis-
» qu'elle m'en fait un mystère. Voilà ce qui me
» désole, et ce que je voudrais approfondir. Vous
» êtes son ami d'enfance, vous ne vous quittez
» pas ; il n'est pas possible que vous n'ayez au
» moins des soupçons sur l'objet de mes alarmes.
» Mon ami, si j'ai beaucoup fait pour vous, et si
» mes bienfaits vous ont attaché à moi, prouvez-
» moi votre reconnaissance. Dites-moi, que savez-
» vous de Juliette » ?

J'avais écouté Mylord avec une satisfaction difficile à lui cacher. Il était plus difficile encore de lui parler d'une manière positive sans compromettre Juliette, sans me trahir, et sans avoir recours au mensonge. J'employai ces lieux communs qui ne signifient rien, et qui ne prouvent que la difficulté et l'embarras de répondre. Mylord me regarda fixement. « Je vois, dit-il, que
» vous êtes instruit, et cependant vous vous tai-
» sez. Si Juliette vous a confié son secret, je n'exi-
» gerai pas que vous trompiez sa confiance ; mais
» vous me devez autant qu'à ma fille. Allez la
» trouver de ma part ; dites-lui que si dans les

» choses indifférentes j'ai pu me prêter à ses goûts,
» je dois et je veux les combattre dans une cir-
» constance qui va décider du sort de sa vie en-
» tière; dites-lui que je n'approuverai jamais des
» penchans que la raison réprouve, et que la
» sienne peut facilement surmonter; dites-lui en-
» fin, que je la verrai avec sensibilité reconnaître
» mes soins et ma tendresse par la soumission que
» j'ai lieu d'attendre d'elle, et qu'une plus longue
» résistance lui causerait des chagrins, sans rien
» changer à mes projets ».

Je rentrai dans ma chambre, et je me consultai sur la démarche que Mylord attendait de moi, et que je ne pouvais lui refuser. Sa confiance m'humiliait, je ne la méritais pas; mais je n'étais point assez vil pour concevoir l'idée de trahir lâchement mon bienfaiteur en pressant sa fille de lui désobéir. Je ne me sentais pas non plus assez fort pour être l'instrument de ma perte, et engager Juliette à se donner à Abell. A son nom seul je sentais se renouveler ces accès de fureur, dont j'avais failli d'être la victime. Je passai quelque temps dans cet état d'anxiété et d'incertitude; enfin, l'honneur l'emporta sur l'amour. « Non, je ne perdrai pas Juliette dans
» l'esprit de son père, m'écriai-je tout-à-coup.
» Non, elle ne renoncera pas à un établissement
» avantageux, pour garder son cœur à un infor-

» tuné qui ne peut être à elle. Je lui parlerai, je la
» persuaderai, et quel que soit mon sort, je ne
» serai pas tout-à-fait malheureux, si j'ai con-
» tribué moi-même à son bonheur.... A son bon-
» heur !.... Oui, elle peut être heureuse. Mon
» amour ne me rend pas injuste : Abell est fait
» pour être aimé; elle l'aimera quand elle s'en
» sera imposé le devoir ». La jeunesse est enthousiaste : je trouvai de l'héroïsme à sacrifier
plus que ma vie, à assurer la félicité d'un rival,
et j'entrai chez Juliette bien décidé à consommer
mon sacrifice.

Elle était abattue, pâle, défaite, et il me sembla qu'elle avait pleuré. Je m'approchai en silence; nous nous regardâmes quelque temps.
« C'est vous, me dit-elle enfin; je ne vous ai pas
» vu hier, et bientôt je ne pourrai plus vous voir.
» On veut que je m'immole, on a fixé le jour, on
» compte sur la soumission de la victime. Happy,
» mon cher Happy, il faut donc renoncer aux
» erreurs de notre enfance! Hélas! elles ont fait
» six ans mon bonheur.... Il faut nous séparer,
» mourir éloignés l'un de l'autre, sans appui, sans
» consolation.... Mon ami, je n'en ai pas le cou-
» rage, je ne le peux pas, l'effort est impossible ».
Elle s'attendrit en finissant de parler, ses larmes
coulèrent; elles me firent oublier ce que je m'é-
tais promis, ce que je devais à son père : l'amour

reprit son empire. Je ne vis plus que Juliette ; Juliette que j'adorais, que j'allais perdre, et sans qui je ne pouvais vivre. Son bras était jeté autour de mon cou, son autre main tenait la mienne et la pressait doucement ; elle laissa aller sa tête sur mon sein ; elle y déposait ses larmes brûlantes, et j'y mêlais les miennes. « Happy.... Happy, me
» dit-elle d'une voix étouffée, renoncer à toi c'est
» mourir ; me livrer à un autre, est un supplice
» lent et cruel qui effraie, qui révolte mon ima-
» gination.... Happy ! Happy »!.... Et elle me pressa contre son cœur, et sa bouche se colla sur la mienne. La foudre n'est pas plus prompte que le feu terrible qui s'alluma dans mes veines. Je n'eus plus la force de réfléchir, ni de résister. Des baisers de feu se succédèrent avec rapidité, et Juliette s'égara à son tour. Je ne respectais plus rien ; mes mains avides souillaient les trésors de l'amour, et Juliette, oubliant l'univers, s'oubliant elle-même, n'opposait plus de résistance ; j'invoquais le bonheur, et je touchais au crime : j'allais le consommer.... Sa vertu mourante fit un dernier effort. « Grace, grace, me dit-elle.....
» veux-tu abuser de ma faiblesse, me rendre vile
» à tes propres yeux ?.... Tu me vois sans défense ;
» mais je ne survivrai pas à mon infamie.... Veux-
» tu me donner la mort ?.... Grace, grace, épargne
» ta Juliette » : et elle tomba à mes genoux. Son

humiliation, son air suppliant, le désordre où je l'avais mise me frappèrent, et je me fis horreur. Je la relevai, je la remis sur sa chaise longue, et je m'éloignai sans oser lever les yeux sur elle, et sans proférer un seul mot.

Je retournai dans ma chambre, en proie aux tourmens qui suivent les forfaits. Juliette outragée, implorant ma générosité avec une douceur angélique; ma brutalité, ma bassesse, bourrelaient mon cœur; et je maudis la compassion de la bonne femme qui m'avait arraché à la mort. « J'aurais, m'écriai-je, j'aurais emporté au tom- » beau sa tendresse et son estime : je vivrai pour » être l'objet de sa haine et de son mépris ».

Mylord entra. Il me demanda si j'avais vu sa fille : je répondis qu'oui. Il m'interrogea sur ses dispositions; j'hésitai, je divaguai, je me troublai. Mylord me prit par le bras, me conduisit à son cabinet, et s'y enferma avec moi. « Je sais » maintenant, me dit-il, ce que je dois penser » de la résistance de ma fille; et je sens trop tard » la faute que j'ai commise. Mais pouvais-je croire » qu'un malheureux que j'ai tiré de la misère, et » que j'ai comblé de bienfaits, portât un jour le » trouble dans ma maison ? Vous me feriez haïr la » vertu, si je pensais que tous les humains vous » ressemblassent. — Je frémis. — Répondez, re- » prit-il avec force; ma fille est-elle perdue sans

» retour ? Est-elle indigne des vœux d'un honnête
» homme ? M'avez-vous mis au point de pleurer
» sa naissance, et de souhaiter sa mort » ? Le sentiment de mon infamie me fermait la bouche ; ma langue glacée était incapable de rien articuler. Mylord prit mon silence pour un aveu. Ses yeux s'allumèrent, son geste était menaçant, il allait se porter aux dernières violences, quand on frappa à la porte : c'était Juliette. « Mon père, dit-elle
» avec une dignité froide, j'ai cru pouvoir vous
» résister : je sens trop maintenant que ce n'est pas
» moi que je dois croire. C'est à votre expérience,
» à votre tendresse, à décider de mon sort. Vous
» me proposez la main de M. Abell, je l'accepte
» et je l'aimerai sans doute ; un homme honnête
» et délicat peut seul posséder mon cœur » et elle me lança un regard qui m'atterra. Je m'étais conduit comme un lâche ; sa fierté était révoltée, et elle voulait me punir. Hélas ! elle ne sentait pas qu'elle frappait deux victimes.

Son père l'embrassa tendrement, la remercia de ce qu'il appelait son bonheur, demanda son carrosse, m'y fit monter avec lui, et se fit conduire chez M. Abell. « Je me suis trompé à l'é-
» gard de ma fille, me dit-il ; son cœur est libre,
» et j'en suis enchanté. Mais j'ai lu dans le vôtre :
» ce mariage le désespère, et vous n'en serez pas
» témoin. Je me reproche la dureté avec laquelle

» je vous ai parlé tantôt ; vous avez pu être sen-
» sible au mérite de Juliette, sans être criminel,
» et je ne vous abandonnerai pas. J'ai encore quel-
» ques fonds à recouvrer ; vous partirez demain
» pour Londres. Le temps, l'absence vous ren-
» dront à vous-même, et vous ne reviendrez à Pa-
» ris que quand vous m'aurez donné votre parole
» d'honneur que vous pourrez revoir Juliette sans
» danger. Je vous estime assez pour vous croire
» incapable de me tromper ».

Nous traversions le pont-neuf ; quelqu'un sortit du café Conti, et fit arrêter le cocher : c'était M. Abell père. « J'allais chez vous, lui dit My-
» lord ; montez dans ma voiture. — Un moment,
» répondit M. Abell ; je lis le *Morning Chronicle*,
» qui annonce des événemens désastreux. — Pour
» l'Angleterre, reprit Mylord ? — Oui, dit M. Abell.
» Nos colonies septentrionales se séparent de la
» mère-patrie : notre commerce est perdu ». Mylord descendit aussi-tôt, entra dans le café, et demanda le journal. Quelques Anglais s'entretenaient des premières étincelles d'une insurrection, qui ne pouvait avoir que des suites funestes, de quelque côté que demeurât l'avantage. Deux ou trois Français parlèrent de l'abaissement de l'Angleterre comme d'une chose certaine, pour peu que la cour de France voulût aider les insurgés. Mylord s'échauffa, et déclara que le ca-

binet de Versailles ne prouverait que son astuce et sa faiblesse, en s'immisçant dans les affaires d'une nation avec qui il était en paix, et qui lui avait souvent prouvé qu'on ne l'offensait pas impunément. Un jeune homme lui répondit que l'Angleterre était parvenue au plus haut degré de splendeur, qu'elle ne pouvait plus que décroître, et que le moment de sa décadence était arrivé. Mylord s'emporta, et M. Abell ne parvint qu'avec beaucoup de peine à le ramener à des expressions mesurées. L'officier aux gardes que j'avais vu chez madame d'Alleville, entra dans le café, et dit, en sautillant, que le gouvernement faisait partir le marquis de la Fayette et une foule d'officiers Français, pour discipliner les Américains, et les aider à secouer le joug de l'Angleterre; qu'il se proposait de se joindre à eux, et qu'il était bien aise de voir comment on soutiendrait l'indépendance américaine. Mylord ne put se contenir davantage. Il s'écria qu'il était étonnant que des colonies anglaises voulussent devoir quelque chose à un despote, qui violait ouvertement la foi des traités. M. Abell le fit sortir du café, l'obligea à remonter en voiture, y monta après lui, et nous arrivâmes chez l'ambassadeur d'Angleterre. Je remarquai, en descendant, un homme qu'il me sembla avoir vu dans le café; mais je n'y fis qu'une légère attention. Il entra chez le suisse, et nous chez M. Abell. Les deux pères s'entretinrent long-temps près d'une croisée; enfin, ils se prirent affectueusement la main, et on fit appeler M. Abell fils. Il apprit, avec une joie douce, que son mariage était arrêté pour le lendemain, et que la cérémonie se ferait dans la chapelle de l'ambassadeur. Pour moi, j'étais malheureux au point que ce mariage ne m'affectait plus. C'était la colère de Juliette qui me désespérait; je l'avais méritée, et ce devait être mon éternel supplice.

Nous sortîmes de chez M. Abell, et Mylord me répéta l'ordre précis de me tenir prêt à partir à la pointe du jour. Je fus frappé, en rentrant, de revoir l'homme que j'avais remarqué à la porte de l'ambassadeur; mais j'avais oublié la scène du café : je n'étais occupé que de mon départ, et du chagrin cuisant de passer les mers chargé de l'indignation de Juliette. Je me mis à mon secrétaire; je laissai courir ma plume, j'écrivis tout ce que m'inspirèrent mon désespoir et mon repentir. J'allais fermer ma lettre, quand je pensai que je n'avais personne à qui je pusse la confier; et, pour ma vie, je n'aurais osé la remettre moi-même. D'ailleurs, je réfléchis aux suites de cette démarche. « Je la connais, m'écriai-je; si elle » me pardonne, elle me rendra son estime et son » amour; elle rompra ce funeste mariage, elle

» encourra la disgrace de son père ; et je leur
» aurai ravi le repos à tous deux. Non, qu'elle
» me croie sans mœurs, sans principes et même
» sans amour; qu'elle épouse Abell, qu'elle m'ou-
» blie, et que l'océan m'engloutisse ». Je déchirai ma lettre en mille pièces; je me levai, je
marchai à grands pas dans ma chambre, je pris
une valise, j'y mis un habit, des chemises et
quelques mouchoirs. On vint m'avertir qu'on avait
servi ; je refusai de descendre. Mylord m'envoya
à dîner ; je pris un doigt de vin, et je me jetai
sur mon lit, dévoré par les furies, et rassemblant
sur moi seul tous les maux qui peuvent accabler
un mortel.

Dans le courant de l'après-midi je reçus un paquet de Mylord. C'étaient des lettres de recom-
mandation, et un rouleau de cinquante louis.

Vers le soir tout était dans un profond silence ;
j'ouvris ma porte, je sortis sur le palier. Je trouvai le domestique : il me dit que Mylord était
en ville avec sa fille, et qu'un inconnu était
monté derrière la voiture au détour de la rue.
Je rentrai. J'écrivis une seconde lettre, et je la
déchirai par les mêmes motifs qui m'avaient fait
déchirer la première.

A dix heures je sortis encore ; j'écoutai, je n'entendis rien, et je me hasardai à descendre. J'entrai dans son cabinet de toilette ; je mis sa chaise

devant la glace, je me mis derrière la chaise, et je dis : « C'est ici que pour la première fois elle a » souri à mon amour ; c'est ici qu'elle a trouvé » mes premiers caractères, c'est ici qu'elle y a » répondu ». Un papier sortait d'une des boîtes, je le tirai ; c'était la sonate à quatre mains, et elle avait écrit sur la première feuille : *Il a prouvé que les talens et l'art de plaire sont de tous les états.* Dans le milieu de la sonate je trouvai la feuille où j'avais écrit il y avait cinq ans : *Voilà l'usage que je fais de vos bienfaits.* Elle avait mis au bas : *Je verrai quel usage il fera de son cœur.* Je soupirai amèrement ; je me retournai, et je vis une robe de son enfance. C'était celle qu'elle portait le jour où elle me défendit de prendre des leçons de Fanchon ; j'en coupai un morceau, et je le mis dans mon sein. Je passai dans le salon : le piano était ouvert, je m'y assis ; je regardai les touches, je les baisai ; je baisai les pédales, encore empreintes de la poussière de ses pieds. Je me levai, je sortis en silence, les yeux baissés, et recueilli. Ma bouche ne trouva pas une parole, et mes yeux me refusèrent des larmes : cependant je suffoquais.... Je me remis sur mon lit, dans un accablement qui ressemblait à la mort. Bientôt la voiture de Mylord s'arrêta à la porte de l'hôtel ; je me couchai à terre, j'approchai mon oreille du parquet, j'écoutai attentivement, je reconnus les pas de Juliette, et je tressaillis. « C'en est trop, m'écriai-je, il faut par- » tir, et sans délai ; chaque minute ajoute à mes » tourmens ». Je prends ma valise, je la mets sous mon bras, j'ouvre ma porte ; le domestique se présente, et me dit que la maison était pleine de gens qui s'étaient fait ouvrir de par le roi, et qu'on marchait à l'appartement de Mylord. J'y courus : on avait enfoncé la porte ; Mylord avait sauté sur ses pistolets, et menaçait quiconque oserait l'approcher. J'étais sans armes ; je saisis un chenet, et je me rangeai près de Mylord. Un homme, qui paraissait commander aux autres, tira des papiers de sa poche : c'étaient deux lettres-de-cachet. L'une envoyait Mylord à la Bastille ; l'autre ordonnait à la supérieure des dames Anglaises de recevoir sa fille, de la garder, et de l'instruire dans la religion catholique romaine. Cet homme, après avoir fait lecture de ces pièces, somma Mylord d'obéir. Mylord lui répondit par un coup de pistolet, et lui cassa la cuisse. Aussi-tôt toutes les épées se tirèrent, et on nous environna. Je me jetai dans la foule ; je renversai, avec mon chenet, tout ce qui osait me résister ; je me battais avec la fureur du désespoir : je voulais me faire tuer. Juliette avait passé à la hâte une robe du matin ; elle accourut, et se précipita au milieu des armes. Un de ces malheureux osa mettre la main sur elle ; je l'étendis à mes pieds. J'étais éloigné de Mylord, qui avait toujours gardé son second coup ; on le serre, il tire, son arme manque, les lâches se jettent sur lui ; je me fais jour, et je le dégage. Nous étions dans un angle, où je le défendais avec acharnement ; cependant on nous pressait de toutes parts, mon bras fatigué ne pouvait plus soulever son arme, et nous allions succomber. Le digne domestique de Mylord parut armé d'un coutelas, et changea la face du combat. Tous ses coups étaient décisifs ; mon courage se ranima, je le secondai avec vigueur, et bientôt le sang, ruisselant de toutes parts, inonda le parquet. La rage des assaillans, les cris des blessés, les sanglots de Juliette, l'alarme répandue par les fuyards, attirèrent en un instant plusieurs escouades du guet qui se présentèrent la baïonnette en avant, en menaçant de faire feu. Je sentis que Mylord était perdu ; mais je ne désespérai pas de sauver Juliette. Le brave domestique venait de tomber, percé d'un coup de baïonnette ; Mylord avait ramassé le coutelas : tous les efforts étaient réunis contre lui. Je me rejetai dans la foule, je laissai couler mon arme à terre, je cherchai Juliette, et je la trouvai dans un état qui eût attendri des tigres. Ses cheveux étaient épars, sa vue égarée, son sein palpitait, son sang coulait en abondance d'une blessure qu'elle avait reçue au bras. Je l'enlevai, et je me présentai à la porte. Un sergent m'arrêta. « Je réponds de la fille, lui dis-je; je » vais la mettre dans la voiture. Saisissez-vous » du père, et sur-tout ne le blessez pas ». — Ah! » vous êtes des nôtres », me répondit le sergent, et il me laissa passer. Je descendis l'escalier qui était couvert de gardes, et je criai : « La voilà, » la voilà, c'est moi qui l'ai arrêtée. La voiture » est-elle là? Eh! sans doute, me répondit-on ». J'arrivai à la porte de la rue ; le cocher m'aida à monter Juliette ; je me plaçai à côté d'elle, et deux hommes du guet se présentèrent pour m'accompagner. « Je n'ai besoin de personne, » leur dis-je; c'est un enfant, je la conduirai » seule : mais secondez vos camarades; cet An- » glais se défend comme un lion ». Ils remontèrent précipitamment, et j'ordonnai au cocher de marcher. Il me demanda si monsieur Marais m'avait remis la lettre-de-cachet. Marche, lui répondis-je, je suis en règle ; et nous partîmes. A peine eûmes-nous fait cinq cents pas, que je fus saisi d'une crainte nouvelle. Le cocher était sans doute un homme vendu à la police, et je ne savais pas comment je m'en déferais. Si j'employais la violence, les différens postes lui prêteraient main-forte ; si j'essayais de le

gagner, et qu'il refusât mes offres, Juliette perdait sa liberté. Je tourmentais mon imagination, et je me désolais de ne trouver aucun moyen. Nous arrivâmes sur le pont Notre-Dame. Le cocher reconnut quelques soldats de la garde, et s'arrêta. « Où vas-tu, Nicolas ? lui dit l'un
» d'eux. — Je conduis une jeune fille aux Dames
» Anglaises. — Une jeune fille, reprit le soldat ?
» ça n'est pas dangereux : rien n'empêche de
» boire le petit coup en passant. — Voulez-vous
» me le permettre, me demanda monsieur Ni-
» colas ? — Parbleu, s'il te le permettra ! Est-ce
» un inspecteur ? — Non, dit Nicolas, c'est tout
» bonnement un observateur. — En ce cas,
» reprit l'autre, il boira avec nous », et il me présenta un verre d'eau-de-vie que je me gardai bien de refuser. « A mon tour, compère Du-
» rand, dit Nicolas ; et Nicolas but à son tour.
» Voilà de l'argent, lui dis-je ; vas chercher
» une pinte de rogomme et une livre de sucre,
» nous ferons de l'eau-de-vie brûlée. Je veux
» régaler Durand ; j'ai fait quelques expéditions
» avec lui ; c'est un luron. — Pas vrai, cama-
» rade, reprit Durand ? Va pour l'eau-de-vie
» brûlée, et Nicolas partit. Chez la commère
» Dupré, lui cria Durand ; elle se lève à toute
» heure ». Pendant l'absence de Nicolas, Durand et ses camarades ne cessèrent de me question-

ner, et m'embarrassaient beaucoup. Je n'entendais pas l'argot, je tremblais de répondre mal; j'étais dans des transes mortelles. Nicolas revint avec son sucre et son rogomme, et je lui dis d'entrer au corps-de-garde et de se hâter, parce qu'il serait bientôt jour. Le compère Durand me proposa de descendre. Je répondis que je ne pouvais pas quitter ma prisonnière. « Eh, parbleu, reprit Durand, elle » descendra aussi : un petit verre la consolera. » — Non pas, Durand, répondis-je; c'est la » fille d'un mylord. — Ah ! reprit Durand, je » ne dis plus rien; ce n'est pas là du gibier de » corps-de-garde »; et il fut aider à Nicolas. Tous les soldats se rangèrent autour de la gamelle; le factionnaire qui convoitait sa part de l'eau-de-vie brûlée, la regardait faire à travers la croisée : Nicolas chantait en tournant le sucre; les autres faisaient chorus. J'ouvris bien doucement la portière à droite, je descendis, je pris Juliette, et je la portai sur le trottoir en face, masqué par la voiture. J'espérais qu'elle pourrait marcher : elle était sans connaissance. Je la soutins sous les bras, et j'avançai, en tournant la tête à chaque pas. L'eau-de-vie brûlée occupait et cocher, et soldats, et factionnaire, et j'arrivai heureusement au coin de la rue des Marmousets. Là, je repris Juliette dans mes bras, et je m'enfonçai dans le cloître. Pas une ame dans les rues, pas une maison ouverte, et Juliette avait besoin de secours. Je n'osais frapper à aucune porte, de peur d'être entendu du corps-de-garde, et j'allai jusqu'auprès de la cathédrale : on la réparait ; le parvis était couvert d'énormes pierres : c'est là que je déposai mon précieux fardeau ; c'est entre ces pierres que je le cachai.

Je prêtai l'oreille pendant quelques minutes. Je n'entendis d'autre bruit que celui d'un filet d'eau qui coulait à peu de distance : je parlai à Juliette ; elle était encore évanouie. Je pris ses mains ; elles étaient froides ; je jettai un cri ; je sentis aussi-tôt mon imprudence, et je me tus. J'ôtai mon habit, et je l'en couvris ; j'enveloppai ses pieds dans ma veste ; je m'assis, et je plaçai sa tête sur mes genoux. Je repris ses mains ; je les tins quelques minutes dans les miennes, et je reconnus que la chaleur se reportait aux extrémités. Le mouvement du pouls devint sensible : je respirai enfin.

J'écoutai encore ; le même silence régnait autour de nous. Je l'appelai plusieurs fois, et je crus voir à la sombre lueur d'un réverbère qu'elle entr'ouvrait les yeux. Je continuai de lui parler ; mon nom fut le premier mot qu'elle articula. Elle paraissait sortir d'un songe pénible ;

elle cherchait ses idées ; elle me fixa ; elle me reconnut ; elle poussa un long soupir, mais qui n'était pas douloureux. « Vous ne m'avez donc » pas abandonnée ? me dit-elle enfin. — M'en » avez-vous cru capable ? — Et mon père, qu'est- » il devenu ? — Il est sans doute arrêté. — Vous » l'avez souffert ! — Je n'avais plus d'autre espoir » que de mourir à ses côtés, et je n'aurais pas » sauvé sa fille » ! Elle se tut, et se recueillit un moment. « Où sommes-nous ? dit-elle. — Dans » la rue. — Je n'ai donc plus d'asyle ! — Vous avez » des amis. — Je souffre beaucoup du bras. » — J'y regardai ; je le touchai ; il me parut que le sang était arrêté. Je voulus dégager le bras de la manche : l'étoffe était collée à la peau. Je cherchai la fontaine ; je la trouvai, guidé par le murmure de l'eau. J'enfonçai la forme de mon chapeau, je l'emplis, je revins, je mouillai mon mouchoir, j'humectai doucement la manche, elle se détacha, et je la tirai. Je lavai la plaie, et je jugeai que c'était la pointe d'une épée, qui, dans le désordre, avait traversé les chairs. Je déchirai ma chemise, et je bandai la blessure. J'essayai de remettre la manche ; je ne pus pas y réussir. « J'ai la bouche brûlante, me dit- » elle ». Je retournai à la fontaine, je l'invitai à boire ; elle but, et se trouva mieux.

Le crépuscule commençait à blanchir le haut

des toits : déjà je distinguais les taches de sang qui couvraient ses vêtemens et les miens. Il était impossible de rester plus long-temps où nous étions ; je le lui dis, et elle se leva. — « Où irons-
» nous ? me dit-elle ». Je lui proposai la maison de madame d'Alleville, du conseiller, ou du médecin. Elle ne me répondait pas. « Préférez-
» vous, lui dis-je avec timidité, de vous retirer
» chez messieurs Abell ? — Non, dit-elle avec
» force ; allons chez madame d'Alleville ». Elle s'appuya sur mon bras, et nous marchâmes. Nous n'avions pas fait cinquante pas qu'elle s'arrêta. Je lui demandai ce qu'elle avait. « Je pense, me
» dit-elle, que je ne serai pas en sûreté chez
» madame d'Alleville, et que je la compromet-
» trai. On connaît les amis de mon père ; on aura
» les yeux sur eux. Ils ont tous des maisons mon-
» tées, un domestique nombreux ; ils reçoivent
» du monde ; je serai vue, reconnue, arrêtée.
» N'allons pas chez madame d'Alleville. — Et
» où aller, lui répondis-je ? vous êtes dans un
» état à faire pitié. Madame d'Alleville vous don-
» nera du linge, une robe, et si elle juge que
» vous ne puissiez pas rester chez elle, vous se-
» rez du moins en état de sortir, et de chercher
» une autre retraite. — Êtes-vous sûr que les
» gens de la police ne soient pas déjà à sa porte » ? Cette réflexion m'accabla. Le temps pressait ; il

fallait se décider, et nous ne décidions rien ; nous nous regardions, et nous soupirions. Elle laissa tomber sa tête sur sa poitrine, et me dit : « Conduisez-moi au premier corps-de-garde, et »éloignez-vous ; je subirai mon sort. Elle fouilla »à sa poche, et dit : Je n'ai pas ma bourse ; je »ne peux plus rien pour vous, que vous pardon- »ner l'outrage que vous m'avez fait hier. Je vous »pardonne ; vivez en paix, soyez homme de »bien, le ciel nous réunira peut-être quelque »jour ». Elle reprit mon bras, et voulut me faire avancer. « Non, non, lui dis-je en sanglotant, je »ne vous livrerai pas à ces barbares, après vous »avoir défendue, après vous avoir ôté de leurs »mains.—Je le veux, repliqua-t-elle ; obéissez ». Je résistais, je la retenais, je suppliais.... Tout-à-coup je pensai à ma bonne femme.... « Elle m'a »sauvé la vie, m'écriai-je ; elle ne vous refusera »pas un asyle, et je l'entraînai avec précipita- »tion. — Qui donc.... qui donc ? me demandait »Juliette. Quand votre vie a-t-elle été exposée ? »Qui est cette femme à qui je la dois » ? Il fallut lui raconter en marchant ce qui m'était arrivé »sur le pont-royal. « Cruel jeune homme, me dit- »elle, avez-vous pensé que je pourrai vous sur- »vivre ?.... Que j'aime votre bonne femme ! C'est- »là qu'il faut aller. La pauvreté est hospitalière ; »son obscurité fera notre sûreté ». Nous ne marchions plus ; nous volions. Nous entrâmes dans la rue des Fossés-saint-Victor. Je regardais toutes les maisons les unes après les autres. Je tremblais de ne pas retrouver celle de ma bonne femme ; je ne l'avais pas remarquée : je me rappellais seulement que la porte était étroite, et que l'escalier était en face dans le fond de l'allée. J'entrai dans plusieurs maisons qu'on n'avait pas daigné fermer, et où on reposait avec la sécurité de la misère, et d'une conscience tranquille. L'escalier était à droite ou à gauche, et je disais : Ce n'est pas ici, et nous cherchions plus loin. Il y avait une demi-heure au moins que nous allions, que nous revenions ; il était jour, j'entendais du mouvement de différens côtés, et je ne trouvais pas cette maison si desirée. Mes forces s'épuisaient ; j'étais abattu, découragé : une porte s'ouvrit ; plusieurs personnes parurent dans la rue, et nous nous jettâmes dans une allée. On venait de notre côté, et nous nous retirâmes dans le fond. Mon pied se posa sur une marche ; j'avançai la main, je sentis une grosse rampe de bois : je crois que c'est ici, dis-je à Juliette, et nous montâmes jusqu'au cinquième. Je regardais, et je ne reconnaissais rien. Au sixième, je m'arrêtai devant une porte qui ressemblait assez à celle de ma bonne femme. Je craignais de frapper ; je n'étais pas sûr que ce fût là. Cependant si cette chambre

était habitée, j'espérais qu'on ne nous refuserait pas de la compassion et du secours. J'entendais marcher dans la rue : nous ne pouvions plus sortir sans être remarqués, suivis, et sans doute arrêtés : je frappai. « Qui est là, répondit-
»on ? — C'est sa voix, c'est sa voix, m'écriai-je,
»nous sommes sauvés. Ouvrez, ma bonne femme;
»c'est le jeune homme du pont-royal, c'est sa
»malheureuse Juliette, persécutée, poursuivie,
»et qui n'a d'espoir qu'en vous. — J'y vais, répon-
»dit-elle ». Elle ouvrit, et resta interdite. « Que
»signifient, me dit-elle, ce désordre, ce sang ?
»Malheureux ! vous venez de commettre un
»crime ; je ne vous recevrai pas ». Elle poussa sa porte sur nous, et tourna la clef. « Ecoutez-
»moi, lui dis-je à travers la serrure : sauvez-moi
»encore une fois la vie »; et je lui contai le plus succinctement que je pus les événemens de cette nuit désastreuse. « Tout cela est-il bien vrai,
»dit-elle, en ouvrant sa porte une seconde fois ?
»— Ma bonne mère, lui répondit Juliette, ja-
»mais le mensonge n'a souillé nos lèvres : nous
»sommes bien à plaindre ; nous ne sommes pas
»coupables. — Entrez donc, reprit la bonne
»femme, et elle s'enferma avec nous. Pardon-
»nez-moi, continua-t-elle, de vous avoir soup-
»çonnés. Mais c'est que c'tamour fait faire tant
»de sottises ! Allons, mon beau monsieur, aidez-

» moi à soulager cette aimable demoiselle ». Elle tira de son bahut des draps très-gros et très-blancs ; et pendant que j'arrangeais le lit, elle aidait Juliettte à se déshabiller. Quand elle fut couchée, la bonne femme prit un vieux sabot, alla frapper chez sa voisine, revint avec un charbon allumé, referma sa porte, rassembla quelques tisons, et souffla. Elle mit du bouillon dans un petit pot de terre et le fit chauffer. « Ça lui » fera du bien, me disait-elle ». Je la remerciais, je la caressais, et elle me souriait en versant le bouillon dans une écuelle fêlée. — « Je n'ai que » du pain ; mais il est blanc, et je suis propre. On » peut le manger sans répugnance » ; et elle en mit une tranche dans le bouillon. « Allons, ma » belle enfant, dit-elle à Juliette, prenez cela ; » un peu de courage. Dieu est bon, et la mère » Jacquot ne vous abandonnera pas ». Juliette exigea que je partageasse avec elle. J'étais exténué, et j'obéis. « Vous êtes agitée, disait la » mère Jacquot à Juliette. — Le sort de mon père » m'affecte cruellement », lui répondait cette tendre fille, et je lui cachais mes propres inquiétudes pour ne pas ajouter aux siennes. La mère Jacquot lui promit de prendre des informations dans les environs de l'hôtel ; je me proposai de voir M. Abell le père, ou l'ambassadeur d'Angleterre lui-même, aussi-tôt que j'aurais un habit et du linge : nos promesses la calmèrent un peu. Nous mîmes de l'eau et du sel sur sa blessure, qui n'avait rien d'inquiétant ; je pris une escabelle ; je la portai près de son lit, et je m'assis à côté d'elle. Nous étions accablés de fatigue ; nous cédâmes insensiblement au besoin le plus pressant : nous nous endormîmes tous les deux.

CHAPITRE XII.

Elle est à moi.

« Mes petits enfans, nous dit la mère Jacquot,
» quand nous fûmes réveillés, vous avez dormi
» quatre bonnes heures, et vous êtes, grace au
» ciel, en état de m'entendre. Je vous dirai d'abord,
» et d'un, que je viens de courir les alentours de
» votre hôtel. Tout le quartier est encore en
» l'air; on n'y parle que du combat que ce
» pauvre Mylord a soutenu contre toute la
» pousse. J'ai demandé ce qu'était devenu ce
» cher homme : on n'en sait rien. Ce qui paraît
» certain, c'est qu'en ce moment le commis-
» saire du quartier met les scellés par-tout,
» car tout le monde le dit. J'ai voulu entrer à
» l'hôtel, pour voir par mes yeux et entendre
» par mes oreilles; un factionnaire malhonnête
» m'a jeté d'un coup de bourrade sur le ton-
» neau d'une ravaudeuse ; et la ravaudeuse, le
» tonneau et moi nous avons roulé au beau mi-
» lieu de la rue. Je me suis relevé, j'ai aidé à
» la ravaudeuse à en faire autant, et je l'ai fait
» entrer chez le premier marchand de vin. Là,
» je l'ai interrogée en buvant chopine. On se

»trahit toujours quand on parle de quelqu'un
»qui intéresse ; aussi la petite ravaudeuse, qui
»est, ma foi, jolie, m'a-t-elle observé que j'avais
»l'air d'en savoir plus qu'elle. Au reste, m'a-
»t-elle dit, il est toujours bon de vous prévenir
»que toute la pousse a tenu conseil sous la porte
»cochère, il y a environ deux heures. Ces
»*messieurs* ont nommé quelques amis de My-
»lord, et se sont séparés en plusieurs bandes,
»pour aller espionner ces différentes maisons,
»où ils comptent sans doute trouver Miss Ju-
»liette, qui s'est évadée, dit-on, avec un beau
»jeune homme, que vous connaissez, peut-
»être, aussi bien que moi. Si, comme je le
»crois, vous savez où ils sont, recommandez-
»leur bien de se tenir cachés. Dites à monsieur
»Happy que ce conseil lui vient de la petite
»Fanchon, et il vous croira.

»De là, j'ai passé aux piliers des Halles. J'avais
»dans ma poche vos deux louis et trois vieux
»écus de six livres, que je gardais comme la
»prunelle de mes yeux, mais que je ne pou-
»vais pas employer dans une meilleure occa-
»sion. Je vous ai acheté de quoi vous changer
»tous les deux. Ce que je vous apporte n'est
»pas beau ; mais il est des cas où il vaut mieux
»avoir l'air d'un savoyard que d'un duc et pair.
»J'ai ici dessus une mansarde dont je peux me

» passer ; nous l'arrangerons du mieux que nous
» pourrons, et nous y logerons cette belle de-
» moiselle. Vous, monsieur, vous coucherez ail-
» leurs, et pour cause. Je ferai une histoire à
» mes voisins ; nous dérouterons la curiosité ; nous
» nous moquerons de la pousse, et nous serons
» tranquilles ; nous travaillerons tous les trois,
» et nous ne manquerons de rien : Dieu et le
» temps sont deux grands maîtres. Passez der-
» rière cette armoire, me dit-elle en me mettant
» un paquet à la main ; allez, et déguisez-vous ».
Je trouvai dans le paquet une veste, une culotte et des guêtres de bure, un gilet d'indienne mouchetée, et deux chemises de toile
écrue. Pendant que je passais ce costume, qui
me rappelait mon enfance, la mère Jacquot
aidait Juliette à s'habiller ; et quand je sortis de
derrière l'armoire, je la trouvai en souliers plats,
en jupon de calemande rayée, et en tablier
de cotonnade rouge : ses grands cheveux noirs
étaient à demi-cachés sous un petit bonnet rond
bien simple, mais bien blanc. Elle était jolie :
oh ! elle était jolie..... et elle ne devait rien à
l'art.

« Maintenant, nous dit la mère Jacquot, il
» faut penser au dîner. Je mange fort bien du
» pain ; mais vous êtes accoutumés à un autre
» ordinaire : donnez-moi de l'argent, car je suis

»à sec ; j'irai faire un tour au marché, et je
»vous apporterai quelque chose de bon ». Je
cherchai dans les habits que je venais de quitter :
le rouleau que Mylord m'avait envoyé s'était
crevé dans ma poche ; il n'y restait que dix-
neuf louis ; le surplus s'était perdu. Juliette
avait laissé sur sa commode sa bourse et ses
bijoux : ces dix-neuf louis, et ma montre qui
en valait huit ou dix, c'était-là toute notre fortune. Je rendis à la mère Jacquot ce qu'elle
nous avait avancé ; je lui donnai un louis pour
les premiers frais du ménage ; je pris mon chapeau et un gros bâton. « Ne vous exposez pas,
»me dit Juliette. Songez que je suis séparée de
»mon père, et que je n'ai plus que vous au
»monde ». Je lui promis d'être circonspect, et
je sortis.

Il n'était pas probable que les gens de la police eussent remarqué ma figure ; et j'étais tra-
vesti de manière à les mettre en défaut, si j'en
avais été connu. Je fus droit chez l'ambassadeur
d'Angleterre ; je feignis une commission pour
M. Abell le père, et je demandai à le voir. On
me fit monter ; il était seul. Je me nommai, il
se leva, et vint m'embrasser d'un air sombre,
dont je n'augurai rien de bon. « Mylord n'est
»plus, me dit-il ; et je jetai un cri. Vous avez
»perdu votre père, et moi un ami. Il a été con-

» traint de céder au nombre. On l'a saisi, on l'a
» garotté, on allait le jeter dans un fiacre; la
» fatigue, l'émotion, suites d'un tel événement,
» la rage de se voir traiter ainsi, lui ont causé
» une révolution, qui a été suivie d'une attaque
» d'apoplexie. Il est mort vers les trois heures du
» matin. Ses lettres de naturalisation n'étaient
» pas encore expédiées; toute sa fortune passe
» au trésor royal : Juliette est ruinée sans res-
» sources. Mais je sais ce que je dois à la mé-
» moire de son père; et mon fils n'oublie pas
» ce qu'il doit à la délicatesse et à l'amour. Le
» maître de votre hôtel, qui est venu m'instruire
» de ces détails, m'a assuré que Juliette s'était
» échappée, et il présume que vous avez faci-
» lité son évasion. Hâtez-vous donc de me faire
» connaître le lieu de sa retraite; je trouverai
» les moyens de la faire passer à Londres, et
» mon fils s'y rendra peu de jours après elle ».

Ce procédé me toucha; mais je ne voulus pas que Juliette fût exposée à des sollicitations tout au moins importunes; et, je l'avoue en rougissant, je craignis que les approches de l'indigence ne la décidassent en faveur de M. Abell. Que je la connaissais mal! Je répondis à M. Abell que je ne m'étais éloigné de Mylord que lorsqu'il me fut impossible de le défendre plus long-temps, et que j'ignorais où sa fille s'était re-

tirée. « Vous devez beaucoup à son père, reprit
»M. Abell, et vous n'avez pas de raisons pour
»me cacher la vérité : je vous crois, et votre
»ignorance m'afflige ; j'espérais que vous me
»rendriez cette infortunée. J'ai envoyé chez
»madame d'Alleville et chez nos autres amis ;
»personne ne l'a vue, personne n'a reçu de
»ses nouvelles, et cela me paraît extraordi-
»naire. Au reste, mon fils la fera chercher par-
»tout. Joignez vos soins à ses démarches, et
»comptez sur toute ma reconnaissance, si vous
»pouvez m'instruire de son sort ». M. Abell
finit en me demandant mon adresse. Je lui répondis que je n'avais pas encore de domicile,
et que j'aurais l'honneur de le voir le lendemain.
Il m'offrit de l'argent. Je le refusai, et je lui dis
que j'avais du courage, quelques talens, et que
je ne craignais pas le besoin.

Les desseins de messieurs Abell sur Juliette
m'inquiétaient cruellement. Mon intérêt m'ordonnait de me taire ; ma délicatesse me pres-
crivait de parler : depuis quelques jours j'étais
sans cesse exposé à ces terribles combats. Je
réfléchissais en prenant un long détour, et en
regardant souvent si je n'étais pas suivi par
quelqu'un des gens de M. Abell. Tantôt l'amour
parlait en maître ; tantôt ma probité s'élevait
contre lui, et lui imposait silence. En effet,

pouvais-je cacher à Juliette qu'on se disposait à réparer envers elle les torts de la fortune? Elle n'avait jamais connu l'indigence; aurait-elle la force de la supporter? Me pardonnerait-elle un jour de l'y avoir exposée? Devais-je balancer à l'en tirer? Cette lutte pénible se termina comme les précédentes. Je rentrai chez la mère Jacquot, déterminé à faire encore mon devoir, et pénétré de la fin tragique de Mylord.

Juliette me fixa ; je me taisais : je ne savais comment lui apprendre la fatale nouvelle. Ses yeux semblaient m'interroger ; les miens craignaient de lui répondre. « Vous ne dites rien, » me dit-elle enfin ? — Hélas ! lui répondis-je, » je ne parlerai que trop tôt. — Mon père est » mort ! — Et votre fortune est perdue. — Eh ! » que m'importe ma fortune ! ce n'est pas elle » que vous aimiez...... Mais mon père...... mon » père....... et elle fondit en larmes. Vous me » l'avez ôté, ô mon Dieu ! s'écria-t-elle tout-» à-coup, les yeux et les mains élevés vers le » ciel ! Un seul homme m'attache encore à la » vie ; que je meure à l'instant si vous devez » m'en séparer ». Un cœur ulcéré ne raisonne point, et ne veut pas de consolations; il cherche à nourrir sa douleur ; il se plaît à s'identifier avec elle, à l'exhaler sur tout ce qui l'entoure. Les larmes sont amères, et le malheureux aime à pleurer. Juliette exigea que j'entrasse dans les moindres détails de la mort de son père, et sa peine croissait à chaque mot. J'espérai la calmer, en attirant son attention sur d'autres objets. Je lui parlai des vues de messieurs Abell, je louai leur désintéressement; je crois même que je la pressai de se rendre à leurs vœux. « Cessez, me dit-elle, cessez de me tourmenter: » j'ai pu m'immoler à mon père; il n'est plus, » et je ne dépends que de moi. Je bénis ma mi- » sère, elle me rapproche de vous; il ne me » reste que mon cœur, il suffira à ma félicité ». Je n'insistai pas, on le croira aisément : je venais de me conduire en honnête homme; c'est tout ce que je pouvais.

Une partie du jour s'écoula dans les regrets et dans les pleurs. Vers le soir, la bonne mère Jacquot lui fit prendre quelque chose. Cette digne femme exigea qu'elle se couchât dans son lit. Nous soupâmes auprès d'elle, et nous la veillâmes toute la nuit. Je repassais dans ma mémoire les malheurs qui s'étaient succédés avec tant de rapidité; je les aurais cru des songes, si Juliette n'avait pas été près de moi. Cette Juliette, quelques heures auparavant, fêtée, adorée et servie; cette Juliette, dont l'or et les diamans relevaient l'éclat naturel, que le faste entourait, à qui une fortune con-

sidérable assurait les jouissances qui font aimer la vie; cette Juliette avait tout perdu en un instant : elle était reléguée à un sixième étage, logée entre quatre murs, couchée sur un grabat, incertaine du lendemain, et elle ne se plaignait pas! Quel spectacle! quel tourment pour l'homme qui n'avait que son cœur à lui offrir, et des privations à lui faire partager! Je pensais ensuite à son père infortuné; un mot hasardé lui avait coûté la vie, parce qu'un gouvernement sans énergie suppléait aux ressorts usés des lois par l'espionnage et des bastilles. Une fille innocente était dépouillée, parce que les déprédations des gens en place nécessitaient le brigandage et la rapine. «Quel pays, m'é-
»criai-je, quel pays que celui où l'enfant
»n'hérite pas de son père, où il est enveloppé
»dans sa proscription, où on veut tyranniser
»jusqu'à sa conscience! Fuyons, fuyons.... mais
»où se retirer sans argent et sans moyens d'exis-
»tence? D'ailleurs, où ne serions-nous pas vic-
»times de quelques abus? Si j'ouvre l'histoire
»du monde, je vois par-tout le faible opprimé
»par le fort; par-tout les gouvernés sont des
»dupes, et les gouvernans des fripons»

Au point du jour, Juliette parut sortir d'un long accablement. «Mon ami, me dit-elle, il
»n'est qu'un remède pour les maladies de l'ame;

» c'est le temps. La raison fait supporter la dou-
» leur ; mais le temps la dissipe. Je renfermerai
» la mienne ; je ferai des efforts pour la surmon-
» ter, et je ne vous affligerai plus du spectacle
» de ma peine ». Elle se leva, et fut s'asseoir
auprès de la mère Jacquot : elle lui prit les
mains, elle la regarda avec intérêt, et un sourire presque imperceptible vint effleurer ses
lèvres. « Vous avez, lui dit-elle, un coin dont
» vous pouvez vous passer; mon ami y mettra
» un ameublement conforme à notre humble for-
» tune. Vous avez beaucoup fait pour moi, ma
» bonne mère ; je ne souffrirai pas que vous
» vous gêniez plus long-temps : à votre âge on
» a besoin de son lit ».

La mère Jacquot me donna la clef de la mansarde. J'y montai, et je descendis le cœur serré.
« Je vous entends, mon ami, me dit Juliette ; celà
» n'est pas beau ; mais qu'importe ? Vous y serez
» avec moi, et je n'y verrai que vous ». Jamais elle
ne m'avait paru si grande ; jamais elle ne m'avait
été si chère.

Je courus le fauxbourg Saint-Antoine, et j'a-
chetai quelques rouleaux d'un petit papier gris
de lin, parsemé de bouquets. Je nettoyais les
croisées, et la mère Jacquot faisait de la colle.
Juliette coupait le papier, je l'appliquais sur le
mur, et la mère Jacquot appuyait son pied sur les

barres de ma chaise. Un lit de sangle, une table et un secrétaire de bois de noyer, six chaises de paille, un petit miroir, formèrent notre mobilier.

« Eh bien ! disait Juliette, qu'en pensez-vous ? » Ne voilà-t-il pas l'exact nécessaire ? C'est bien, » c'est très-bien. Que de femmes sont plus mal, » et n'ont pas leur ami avec elles » ! C'est-là que nous passions des journées qui s'écoulaient comme des minutes. Nos voisins, occupés de leur travail, ne s'inquiétaient pas de nous ; notre univers était dans la mansarde : nous ne desirions rien au-delà. Juliette brodait, je faisais quelques gouaches, la mère Jacquot vendait tout cela, et nous vivions. La bonne femme nous servait un repas frugal, se mettait en tiers avec nous, et nous égayait quelquefois par ses saillies naïves. Après le souper, Juliette m'embrassait au front, la mère Jacquot prenait la clef de la mansarde, et j'allais me coucher chez un logeur, plein de l'image de Juliette, et consolé par la certitude de la revoir le lendemain.

Six semaines s'étaient écoulées. Mylord n'était pas oublié; mais les larmes étaient taries. Nous conservions de lui ce tendre souvenir, qui remue l'ame sans la déchirer. La guerre était déclarée entre la France et l'Angleterre : cette dernière puissance avait rappelé son ambassadeur, et nous présumions, avec toutes sortes de vraisemblances que MM. Abell avaient repassé la mer avec lui. Je proposai à Juliette de prendre l'air pour sa santé, et d'aller tous les jours, de grand matin, faire quelques tours au jardin du roi. La mère Jacquot appuya ma proposition, et Juliette l'accepta.

Un jour que nous nous promenions avec une sécurité parfaite, j'apperçus un homme qui venait droit à nous. Il était enveloppé dans une redingote, un chapeau rond était enfoncé sur ses yeux; je ne cherchai pas à démêler ses traits, que je croyais indifférens. Juliette était appuyée sur mon bras, sa main était dans la mienne, et nous nous entretenions avec cette douce chaleur si difficile à décrire, et si bien sentie par ceux qui savent aimer. L'homme au chapeau rond s'arrêta devant nous. Je levai la tête, je reconnus Abell fils, et j'avoue que je fus interdit. «Je suis à »Paris pour vous seule, mademoiselle, dit-il à »Juliette; et je vois avec douleur que vous ne »méritiez pas mes soins. Je ne m'abaisserai pas »à me plaindre, mais je vengerai sur votre sé- »ducteur l'outrage qu'il fait à la mémoire de »votre père». Il me marcha sur le pied, je l'entendis parfaitement; mais Juliette était là. Elle nous devina l'un et l'autre, et répondit avec fierté à Abell qu'elle ne lui avait rien promis, et qu'elle trouvait étrange qu'il osât lui reprocher sa con-

duite. « Une femme comme moi, ajouta-t-elle,
» se donne, et n'est jamais séduite. L'homme que
» vous accusez n'est coupable que d'avoir su me
» plaire. Si vous m'avez jamais aimée, prouvez-
» le moi en renonçant à des projets de vengeance,
» qui détruiraient mon bonheur sans vous rendre
» plus heureux ». Abell parut étonné un moment.
« Non, s'écria-t-il, la fille la plus modeste ne s'est
» point oubliée jusques-là; si vous étiez à cet
» homme, vous n'auriez pas l'impudeur de le
» dire. — *Cet homme* est tout pour moi, repli-
» qua Juliette. Je suis à lui, irrévocablement à lui.
» J'en fais ma félicité et ma gloire. — Vous vou-
» lez, reprit Abell, que je vous méprise et que
» je vous oublie : je serais trop malheureux si je
» pouvais vous croire. — Finissons, monsieur, in-
» terrompis-je brusquement, et je le tirai à l'é-
» cart. Elle est toujours vertueuse, lui dis-je, elle
» mérite toujours les hommages de l'univers; nous
» l'adorons l'un et l'autre, c'en est assez pour nous
» haïr. Demain à cinq heures du matin je serai au
» bois de Boulogne, avec des pistolets. Je vous
» connais assez pour croire que vous ne nous sui-
» vrez point, et que vous ne prendrez pas de
» seconds à la police. Je sais que vous êtes brave,
» me dit Abell : à demain ». Il se jeta dans une
contre-allée, et je rejoignis Juliette. « Quand
» vous battez-vous, me demanda-t-elle d'un air

« parfaitement tranquille »? Je voulus dissimuler. « Il est inutile de feindre, continua-t-elle. Abell » m'a insultée, vous y avez été sensible, vous lui » avez donné un rendez-vous; je ne vois rien là » que de très-naturel ». Je crus qu'elle cherchait à me pénétrer : je me taisais. « Je vous laisserai » maître absolu de vos actions, me dit-elle, je » vous en donne ma parole d'honneur; mais je » veux savoir la vérité ». Sa parole était sacrée, il ne m'était pas permis d'en douter, et je lui avouai tout. « Ce n'est que demain, reprit-elle ? Allez » acheter des armes, remettez-les-moi; je vous les » rendrai quand le moment sera venu ». Ce sang-froid m'étonna; et en effet, il était inexplicable. Je m'éloignais; elle me rappela. — « Souvenez-» vous, Happy, que vous me devez la journée : » j'exige que vous la passiez avec moi ». Ce pouvait être la dernière, je le sentais; je lui jurai de la donner toute entière à l'amour, et elle me quitta avec ce sourire aimable qui annonce la paix de l'ame. Je croyais qu'il aurait fallu la tromper, user d'adresse pour m'échapper, et elle me donnait des facilités que je n'eusse pas obtenues d'un ami de deux jours. Je ne savais que penser, je me perdais dans mes conjectures, et je résolus de me défier de tout, même de sa parole.

Je rentrai une heure après. Elle s'entretenait à voix basse avec la mère Jacquot, et elles

avaient l'air de s'entendre parfaitement. Elle prit mes pistolets, les examina, les mit dans le secrétaire, et serra la clef dans sa poche. Je commençai à concevoir des soupçons. Ces pistolets me coûtaient à-peu-près tout notre avoir, et il m'était impossible de m'en procurer d'autres. « Rassurez-vous, me dit Juliette, qui avait
» l'habitude de pénétrer jusqu'à ma pensée : je
» suis incapable de manquer à ma parole; je
» tiendrai celle que je vous ai donnée; mais la
» journée est à moi; n'en troublons pas les dou-
» ceurs par des inquiétudes prématurées. Demain
» à cinq heures je vous remettrai la clef ». Elle fit un signe à la mère Jacquot, qui prit un panier, et sortit. Juliette vint s'asseoir près de moi : jamais elle n'avait été si tendre, si caressante ; jamais je n'avais été aussi sensible au plaisir d'être aimé. Mon engagement avec Abell semblait m'attacher de plus près à ma félicité présente. Nous épuisâmes ce que l'amour le plus vif peut dire de plus tendre. Nous nous redisions ce que nous nous étions dit mille fois, et nous trouvions un charme toujours nouveau à le redire. Toutes les langues sont pauvres pour l'amour ; les mots manquent à qui sent beaucoup. Nous nous regardions alors, et nos yeux achevaient la pensée..... Ce silence avait une expression !.... il nous pénétrait d'une ivresse si

douce ! J'aurais passé ma vie, mes yeux fixés sur les siens..... mais aussi, comme elle me regardait ! c'était la volupté, parée encore par l'innocence.

La mère Jacquot rentra, et son panier était amplement fourni. Ce n'était pas l'ordinaire de tous les jours ; j'en marquai mon étonnement. «Je donne une fête ce soir, me dit Juliette »en souriant. — Et à qui donc, lui demandai-je? »— A vous, mon ami » ; et elle commença avec la mère Jacquot les apprêts d'un assez joli souper. Je marchai par la chambre, je les regardais faire, je n'y entendais rien.

La mère Jacquot avait son genre de saillies ; elle les prodiguait, Juliette applaudissait, et je riais quelquefois. Cependant Abell me revenait à l'esprit, et des réflexions tristes et sombres répandaient sur mon visage une teinte de mélancolie qui n'échappa point à Juliette. Rien ne lui échappait. Elle me prit la main, me regarda tendrement, me baisa sur la joue. L'idée du lendemain s'évanouit, mon cœur se ranima, le sourire reparut sur mes lèvres.

A huit heures, tout était prêt. La mère Jacquot servit, et nous nous mîmes à table. Juliette avait été enjouée, folâtre même ; elle prit tout-à-coup un maintien calme, réservé et imposant. Elle paraissait occupée d'un grand dessein ;

elle était recueillie ; la mère Jacquot imitait son silence, et j'attendais la fin de tout cela. Juliette se leva enfin, et parla. « Ma position ne me »permet pas, dit-elle, d'observer les formalités »prescrites par les lois ; mais la pureté de mes »intentions et votre probité me rassurent. Je »n'aurai pas à gémir sur les suites d'un dessein »que je mûris depuis quelque temps, et dont les »circonstances ne me permettent pas de différer »l'exécution. Des sermens qui n'auront pour té- »moins que le ciel et cette digne femme, n'en »seront ni moins sacrés, ni moins inviolables »pour vous. Happy, levez-vous ». Je me levai. « O mon Dieu ! continua-t-elle d'un ton religieux »et pénétrant, voilà l'époux que votre provi- »dence me désigne ; je le reçois de votre main. »Je jure de l'aimer toute ma vie, et de ne »m'occuper que de sa félicité. O mon Dieu ! »entendez mes promesses, et bénissez-nous ». Avec quel transport je répétai les mêmes paroles ! Avec quelle vérité je jurai de ne vivre que pour elle ! Vous l'avez éprouvé, combien ces sermens sont doux, vous qui les avez faits à l'objet de votre tendresse !... La mère Jacquot nous embrassa l'un et l'autre, et nous laissa entre le mystère et l'amour.

— O quel moment que celui où l'on possède enfin ce qu'on adore ! quelle plume de feu pourrait esquisser cette ivresse de l'ame, cette soif de jouir, qui se rallume par la jouissance; ce torrent de délices que l'on peut à peine supporter, cette tendre langueur qui suit la satiété des plaisirs ! O nature ! c'est-là que tu manifestes ta puissance, que tu réunis, que tu épuises tes efforts. Momens divins, qui portez l'homme au plus haut degré du bonheur où ses vœux même puissent atteindre, pourquoi êtes-vous si courts, pourquoi ne renaissez-vous jamais ? On retrouve des maitresses; retrouve-t-on son cœur ?

Juliette dormait entre mes bras; son sommeil était doux comme les plaisirs qu'elle avait goûtés; son haleine était fraiche comme la rosée du matin; son sein rougi par mes baisers, mille charmes secrets recevaient tour-à-tour mes hommages et mes caresses. L'amour osa la réveiller; elle ne s'en plaignit point.

Je tombai enfin sur les myrtes dont j'avais jonché le lit nuptial, et Juliette fit succéder le langage de la raison aux transports brûlans de l'amour. « Je connais, me dit-elle, la vio-
»lence de votre caractère; mes représentations,
»mes prières même eussent été impuissantes
»hier : vous retenir, c'était précipiter le mo-
»ment du danger, et pour vous empêcher de
»prodiguer votre vie, il fallait vous y attacher

» par des nœuds que vous ne pussiez rompre...
» O mon ami, combien une telle nuit doit te
» faire chérir ton existence! Sera-ce la seule
» que je te devrai? Préféreras-tu au bonheur
» que je te réserve encore, le barbare et stérile
» honneur d'exposer tes jours pour verser le
» sang d'un homme que tu dois plaindre, puis-
» qu'il m'aime et que tu es heureux? Que t'im-
» porte l'opinion qu'il aura de toi? que te fait
» celle de tous les hommes? Seule, je te suffirai,
» comme tu me suffiras. J'ai regretté ma fortune;
» je ne pouvais plus la partager avec toi: il ne
» me restait que ma réputation, je te l'ai sacri-
» fiée : ne feras-tu rien pour moi? O mon ami,
» peut-être suis-je mère..... et tu ne verrais pas
» ton enfant! ses petits bras ne s'ouvriraient ja-
» mais pour recevoir et te rendre tes caresses!...
» Tu n'iras pas, mon ami, n'est-il pas vrai, tu
» n'iras pas »!

Je voyais, je pensais comme Juliette; mais j'étais engagé, et l'ombre même du mépris m'était insupportable. «Tu m'as promis, lui ré-
» pondis-je en soupirant, de me laisser maître
» de mes actions. — Voilà la clef, me dit-elle;
» allez massacrer l'ami de mon père, ou faire
» mourir du même coup trois personnes à-la-
» fois». Je la regardai, je balançai ; elle me pressa sur son sein, et me combla des plus

tendres caresses. « C'en est trop, m'écriai-je,
» on ne renonce pas volontairement à tant de
» biens »; et j'oubliai dans ses bras le point-
d'honneur, Abell, le bois de Boulogne, et tout
l'univers. « Je l'emporte donc, me dit-elle : com-
» bien ta condescendance me flatte ! qu'elle est
» d'un heureux augure pour l'avenir ! Mais je
» n'en avais pas besoin, mes mesures étaient
» prises; tu ne te serais pas battu ». Elle frappa,
la mère Jacquot ouvrit, et introduisit M. Abell.
Jamais surprise ne fut égale à la mienne. « Mon-
» sieur, lui dit Juliette, je sens tout ce que vous
» valez; mais on ne commande pas à son cœur.
» Je vous ai trompé au jardin du roi; je vous ai
» dit la vérité dans ma lettre, vous le voyez :
» Happy est mon époux; il a passé la nuit avec
» moi, et il ne vous reste plus d'espoir. J'en
» conserve un bien doux; j'aime à croire que
» vous ne le détruirez pas. Oubliez que ce jeune
» homme vous a provoqué, comme j'ai oublié
» ce que vos propos ont eu d'injurieux. A cette
» condition, je vous offre mon amitié, qui peut
» être de quelque prix à vos yeux. — Madame,
» lui répondit Abell, je vous étais tendrement
» attaché, et le dépit m'a arraché des expres-
» sions que la réflexion m'a fait aussi-tôt désa-
» vouer. Je ne suis pas un homme féroce. Votre
» lettre, dictée par le courage et la vertu, m'a

» rendu ma raison en m'inspirant le respect :
» je ne vous ai bien connue qu'au moment où
» je vous perds. Oui, Madame, j'accepte votre
» amitié, et j'espère que Monsieur ne me refu-
» sera pas la sienne ». De quel poids mon cœur
fut soulagé! avec quelle satisfaction je répondis
à des avances aussi flatteuses! J'embrassai Abell
avec la plus franche cordialité, et il me dit :
« Vous avez la plus respectable des femmes :
» qu'elle soit heureuse, et j'oublierai que j'au-
» rais pu l'être sans vous ».

Il reprocha obligeamment à Juliette de n'avoir pas été assez confiante pour lui écrire plutôt. Il ne nous eût pas laissés dans une situation qui ne paraissait pas aisée ; il nous eût priés d'accepter quelques avances sur les fonds que Mylord avait encore en Angleterre, et qui se montaient à-peu-près à cent mille livres argent de France. « Ce n'est pas une fortune,
» ajouta-t-il ; mais cela peut suffire à qui ne con-
» naît que le besoin d'aimer ». Il nous rassura sur la liberté de Juliette. « Je ne crois pas,
» dit-il, qu'on ait fait des recherches bien sé-
» rieuses. Le gouvernement a *hérité* de Mylord,
» et il lui est indifférent que Madame soit au
» couvent ou ailleurs. Cependant il sera prudent
» de vous tenir cachés, jusqu'à ce que j'aie pris
» des informations positives. Je partirai ensuite

pour Londres, et je me chargerai volontiers de mettre ordre à vos affaires ». Il finit en nous forçant de prendre cent louis pour les besoins les plus pressans.

Nous passâmes la journée ensemble. Je ne craignais plus Abell, et j'étais pénétré de ses bonnes qualités et de ses procédés délicats. Je lui souhaitai intérieurement un autre amour et des succès plus heureux.

Le lendemain, je louai trois jolies petites pièces à l'Estrapade; j'y mis des meubles simples, mais propres, et nous nous y établîmes le surlendemain. Nous engageâmes la mère Jacquot à ne pas nous quitter : nous lui devions tant ! et nous étions si satisfaits de pouvoir nous acquitter envers elle !

FIN DE LA PREMIÈRE PARTIE.

www.ingramcontent.com/pod-product-compliance
Lightning Source LLC
Chambersburg PA
CBHW051907160426
43198CB00012B/1785